mar

&

montaña

esencias del paisaje

MARNAY

Ediciones de la Diputación de Salamanca
Serie Catálogos de Exposiciones, n.º 279

1.ª edición: abril, 2025
© Diputación de Salamanca

I.S.B.N.: 978-84-7797-771-1
Depósito Legal: S 103-2025

Diseño: Yara Marnay
www.marnay.es

Maquetación: Bejarano Diseño Gráfico
Imprime: Kadmos

Estamos, en este caso, delante de un pintor autodidacta, pintor de esencias.

Su seudónimo, MARNAY, delata su atracción por el mar.

A lo largo de su trayectoria artística, el mar ha sido uno de los temas más frecuentes en su pintura así como el paisaje de bosques y montañas, fuentes de inspiración de su entorno natal.

Traslada a sus lienzos la sensación de calma o fuerza que transmiten sus paisajes.

Su pintura no se limita a ser una representación visual, es un diálogo entre la naturaleza y el alma humana.

Se trata de una exposición llena de serenidad, sensibilidad y armonía, donde jugando con suaves tonalidades, composiciones equilibradas, el pintor refleja lo que necesita compartir con todo aquél que contemple su obra.

No retrata el paisaje que tiene ante sus ojos, sino que intenta trasladar la emoción que a él le produce. Pinta como un pintor que fuese poeta o como un poeta que dominase la expresión artística.

Su obra, en palabras de algunos críticos "… invita a la contemplación casi como un acto meditativo".

Esperamos que disfrute de esta pintura en la que el artista ha querido plasmar el silencio, la paz y la serenidad.

David Mingo Pérez
Diputado de Cultura

MAR & MONTAÑA

Esencias del paisaje

EL MAR. Espacio infinito donde la mirada, pensamientos y horizonte te llevan a lo más lejos.

LA MONTAÑA. Territorio donde refugiándote en su inmensidad, sintiendo su abrazo protector, te adentras, sumerges, caminas o cabalgas.

Espacios a donde vas en busca de esa emoción que la naturaleza te proporciona y que te engrandece el espíritu.

Lugares, en donde, dejándome llevar, sentir y percibir aquellas sensaciones que soy capaz de apreciar; trato de absorber todo aquello que la naturaleza me transmite.

De ese estado de entrega y el sentimiento que me produce, nace el impulso de plasmar el momento.

Emprendo entonces, después de ese íntimo diálogo, surgido con el paisaje, -en ese preciso instante en que la retina se llena de sensaciones y el alma se engrandece-, el camino de compartir ese sentimiento primigenio y emoción que me produce aquello que tengo delante de mis ojos.

Toda expresión creativa nace de la emoción. Chispa inicial, que hace emprender el camino de la creación de toda aquella obra artística que tratas de dar a luz.

Pincelada tras pincelada, dejando que fluya en el lienzo aquello que ha dejado huella en el alma, voy posando sobre el lienzo pigmentos de diferentes colores, matices y sutiles veladuras.

A veces, fluyen suave y lentamente, como copos de nieve cayendo sobre la pradera. Otras, como tempestad que bate, enérgicamente, descargadas sobre la tela.

Poco a poco, entre texturas, colores y veladuras, el lienzo va cobrando vida buscando evocar ese estado puro y cautivador del instante que me inspiró.

Si bien el tema, en toda obra artística, es un punto de partida y éste transmisor y medio para expresar y suscitar una emoción -valiéndome del mismo -, en este caso, a través del mar & montaña, buscando la soledad del momento, y queriendo aquello hacer mío sobre el lienzo; ambos, me han brindado el escenario perfecto, para impregnar la tela de un aroma que perdure sobre el tema.

Una fragancia que inhalando profundamente al contemplar el cuadro, deje un regusto que perdure en nuestro interior, y que no solo contemples, sino sientas.

A modo de susurro aquí te ofrezco, para que, finalmente, dejando al cuadro que hable, tú pongas la última pincelada.

Mi pincel ha cabalgado sobre las olas del mar, se ha posado en la arena de sus playas y bajamares. Ha recorrido verdes praderas, escalado escarpadas montañas, y acariciado nevadas laderas.

Ha ido en busca del "komorebi" (luz filtrándose entre las hojas de los árboles), encontrándole entre hojarasca y árboles del bosque, haciéndole mío.

Ha sentido la brisa del mar, la bruma de los valles y el frio de nevadas y rocosas cumbres.

El silencio en dos distintos espacios y un sentir común, es lo que, bajo un mismo título y dos diferentes temas, hoy, aquí presento:

MAR & MONTAÑA.

Lugares donde el ser se diluye en el sentir, donde respiramos el alma del paisaje, percibimos su esencia y nos dejamos envolver por su aroma. Donde el silencio se escucha, el vacío se huele, el viento susurra y el aire inmoviliza el instante.

Dejo aquí mis lienzos impregnados de azul y mar, delicados ocres, matices aterciopelados y tonalidades evanescentes de bajamares y playas, que se transforman en blancos y sutiles verdes de bosques y prados. O igualmente, en luminosos amarillos y ocres de otoñales arboledas y montañas.

Espero y deseo que, al contemplarlos, encuentres la misma paz, gozo y sosiego que esos lugares me han proporcionado a mí.

MARNAY

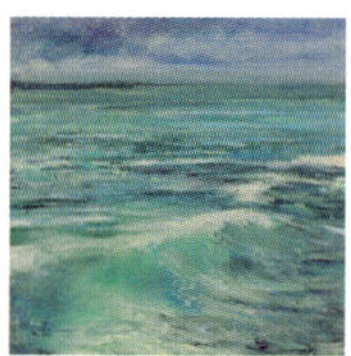

EL MAR

Ese espacio de meditación, éxtasis y contemplación. Ese lugar donde uno encuentra la paz y sosiego en la playa solitaria, lejos del bullicio y multicolor presencia invasora.

Ese lugar que te impregna de brisa y salitre, perfumándote de un particular olor de bajamar y algas.

Esa atalaya desde donde se divisa la línea del horizonte, la vista se pierde y el espíritu se encuentra.

Ese mar que contemplas azul hoy, o plateado mañana; que en su inmensidad, el viento da formas onduladas a su plana y horizontal agua.

Donde riela la luna, el sol se mira como espejo, o hace centelleantes chiribitas.

Perdido, y nunca más conmigo mismo, es el lugar que he escudriñado, una y otra vez en busca de la emoción que a uno le domina, ese preciso instante en que la retina queda imbuida de sensaciones plenas, y el espíritu se engrandece.

Lugar donde produciéndose un diálogo sutil entre ambos, permito que el lienzo se impregne de lo que ha dejado huella en mi alma y el pincel encuentre su lugar, allí donde el agua lame la arena, acaricia la orilla, descansa el mar embravecido o bate sobre la roca.

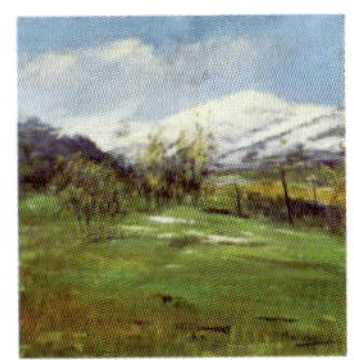

LA MONTAÑA

Espacio por donde viajo vagando entre la niebla, nieve, verdes praderas, arboledas y valles.

Donde la nieve suavemente posada descansa, el rocío baña la braña y la bruma sobre la hierba desdibuja las montañas.

Espacio donde uno busca la paz interior, la soledad del lugar, la armonía con la naturaleza y el sosiego del alma.

O allá en las altas cumbres desde donde mirando hacia el valle, eres consciente de que no somos nada.

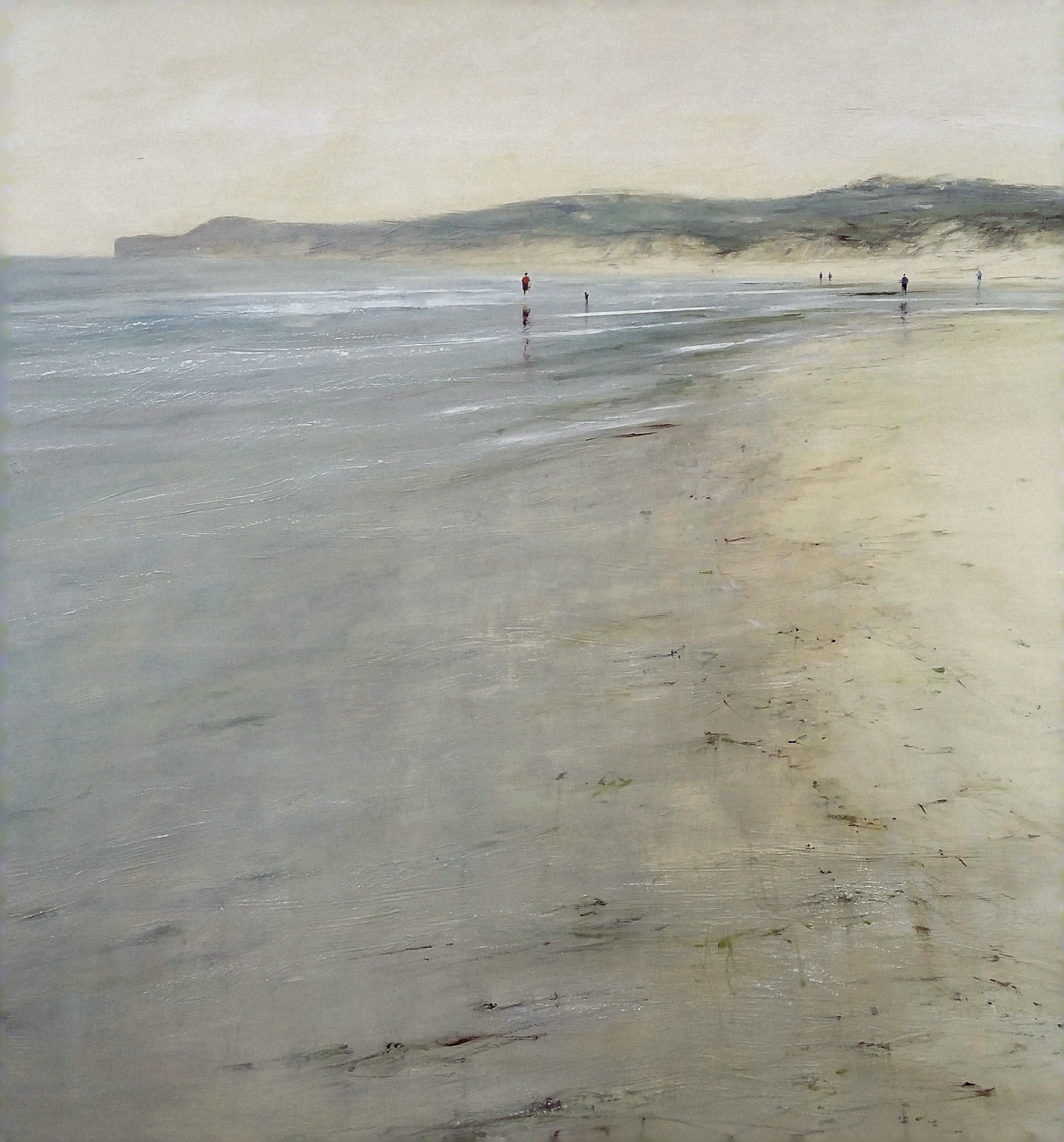

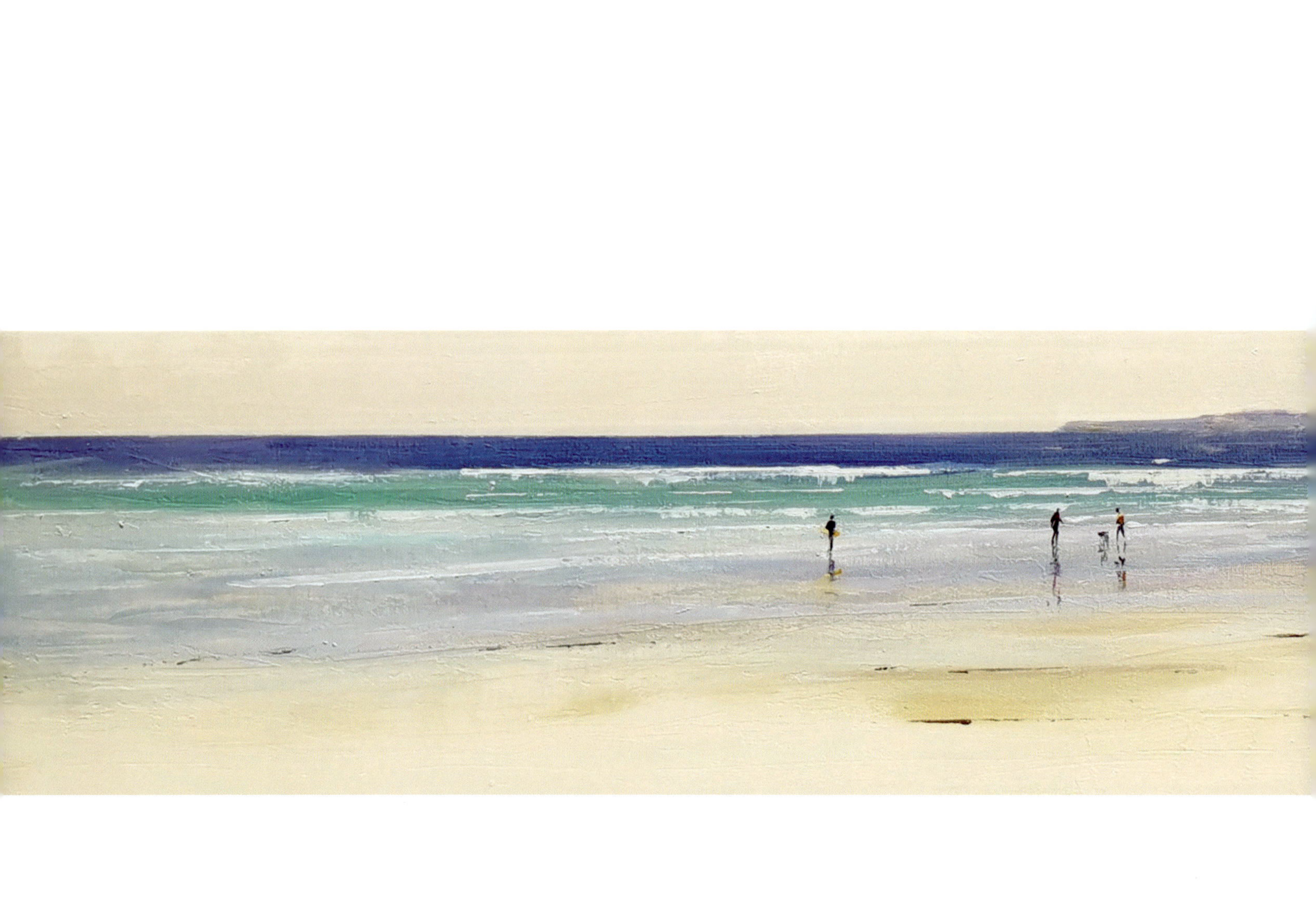

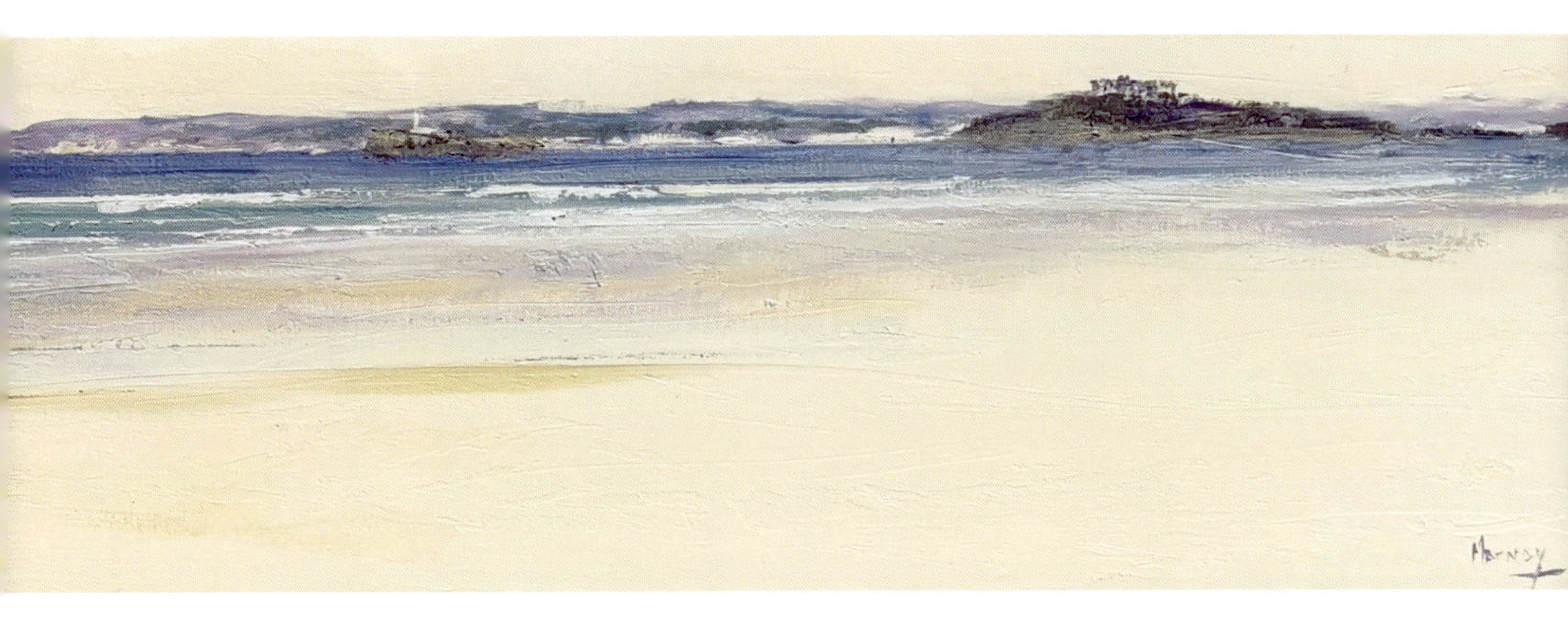

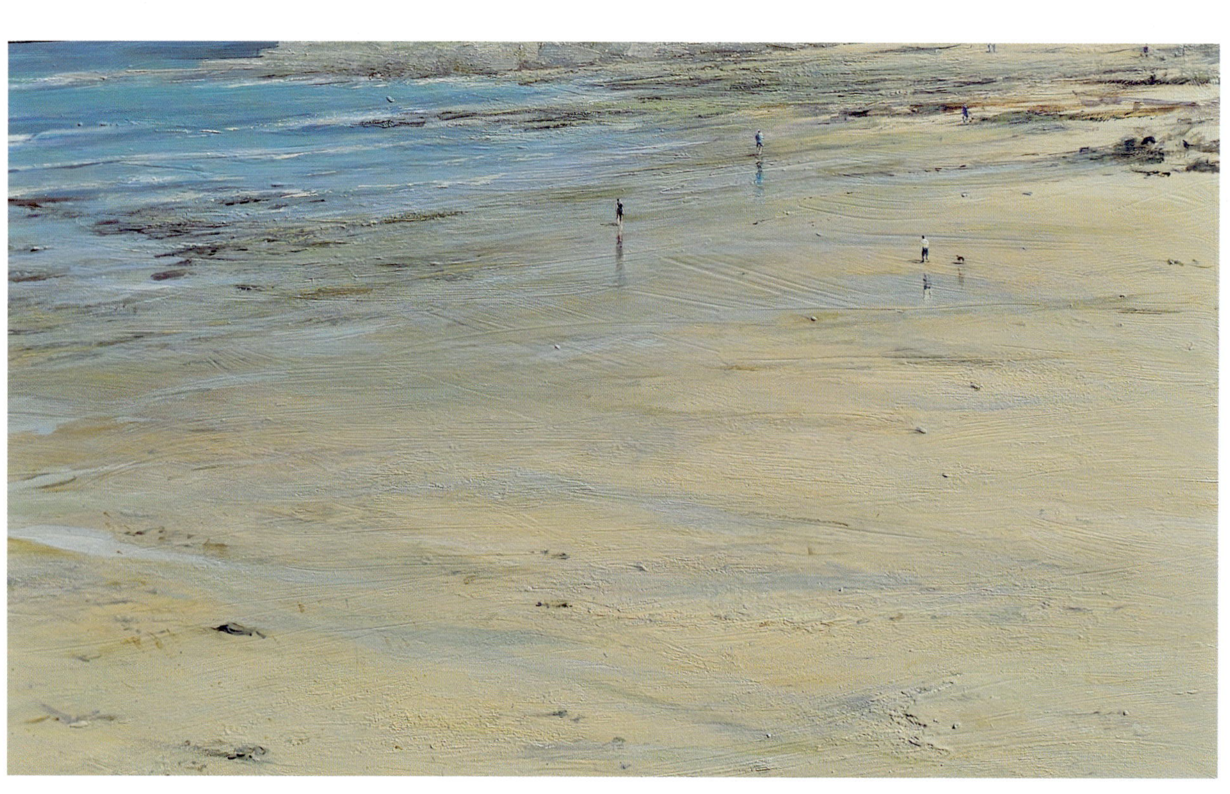

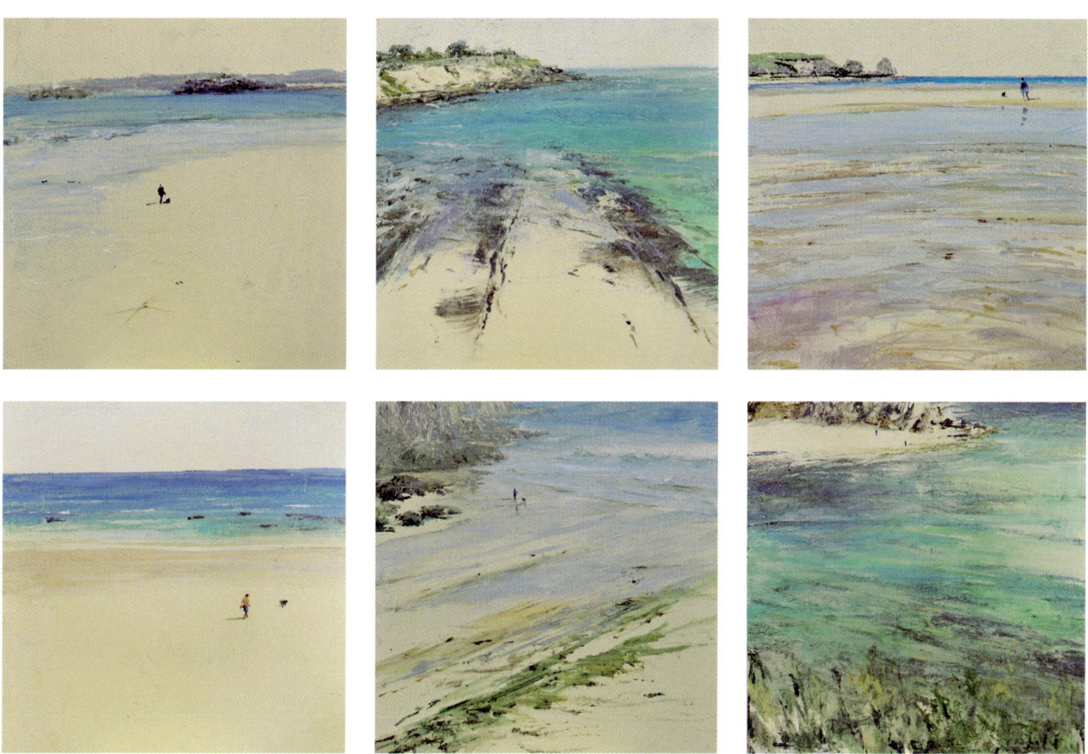

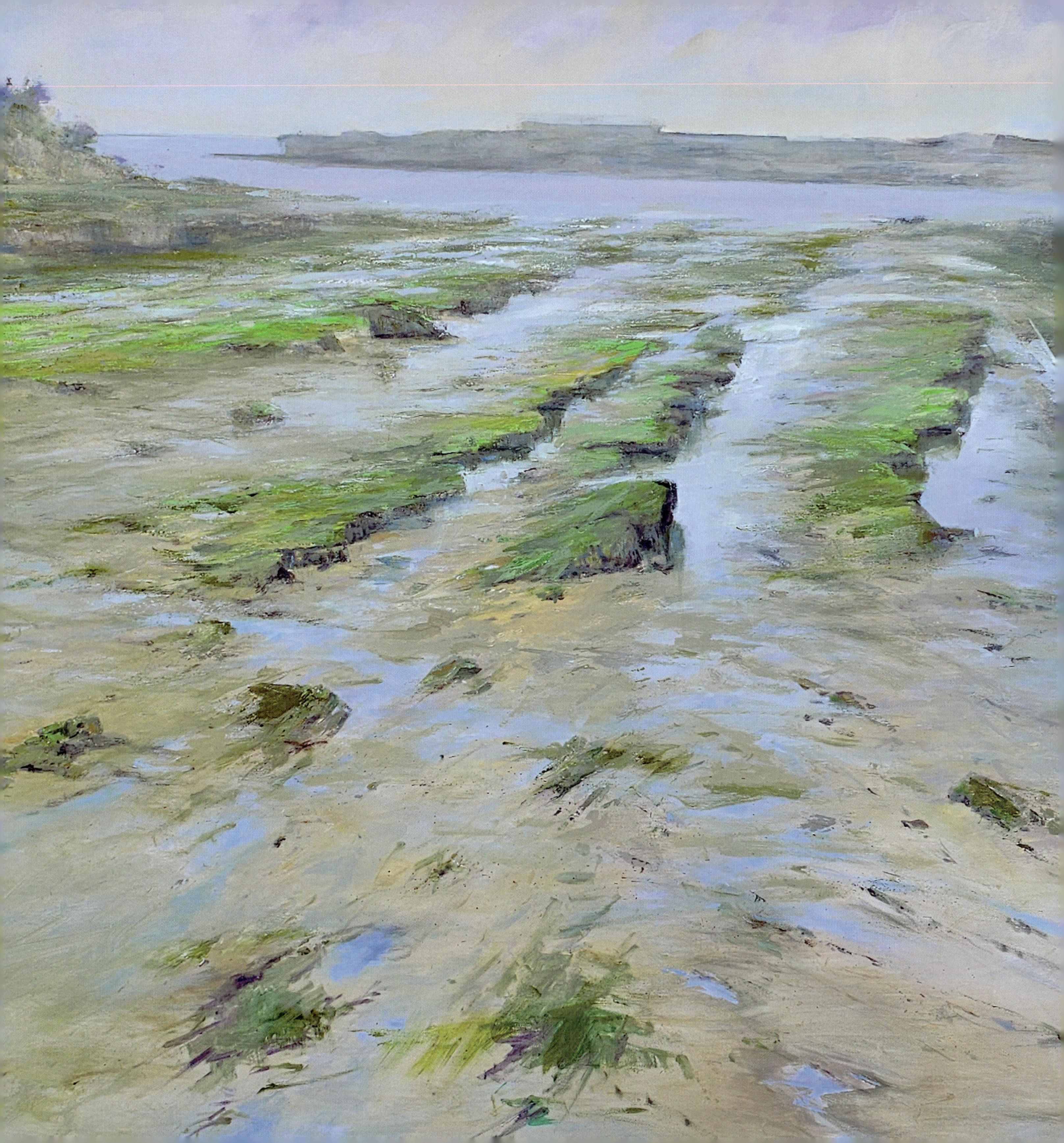

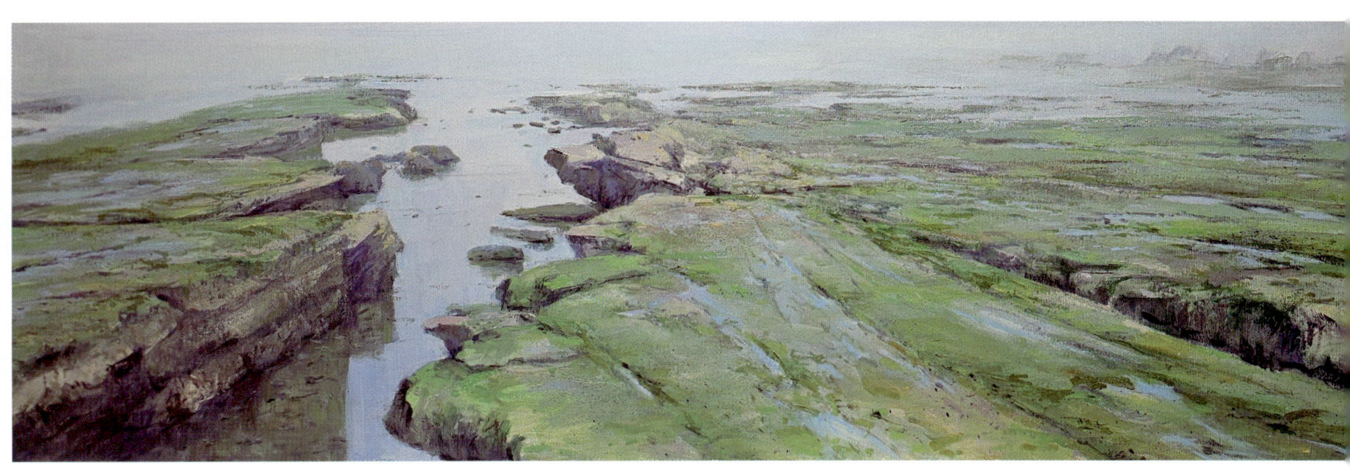

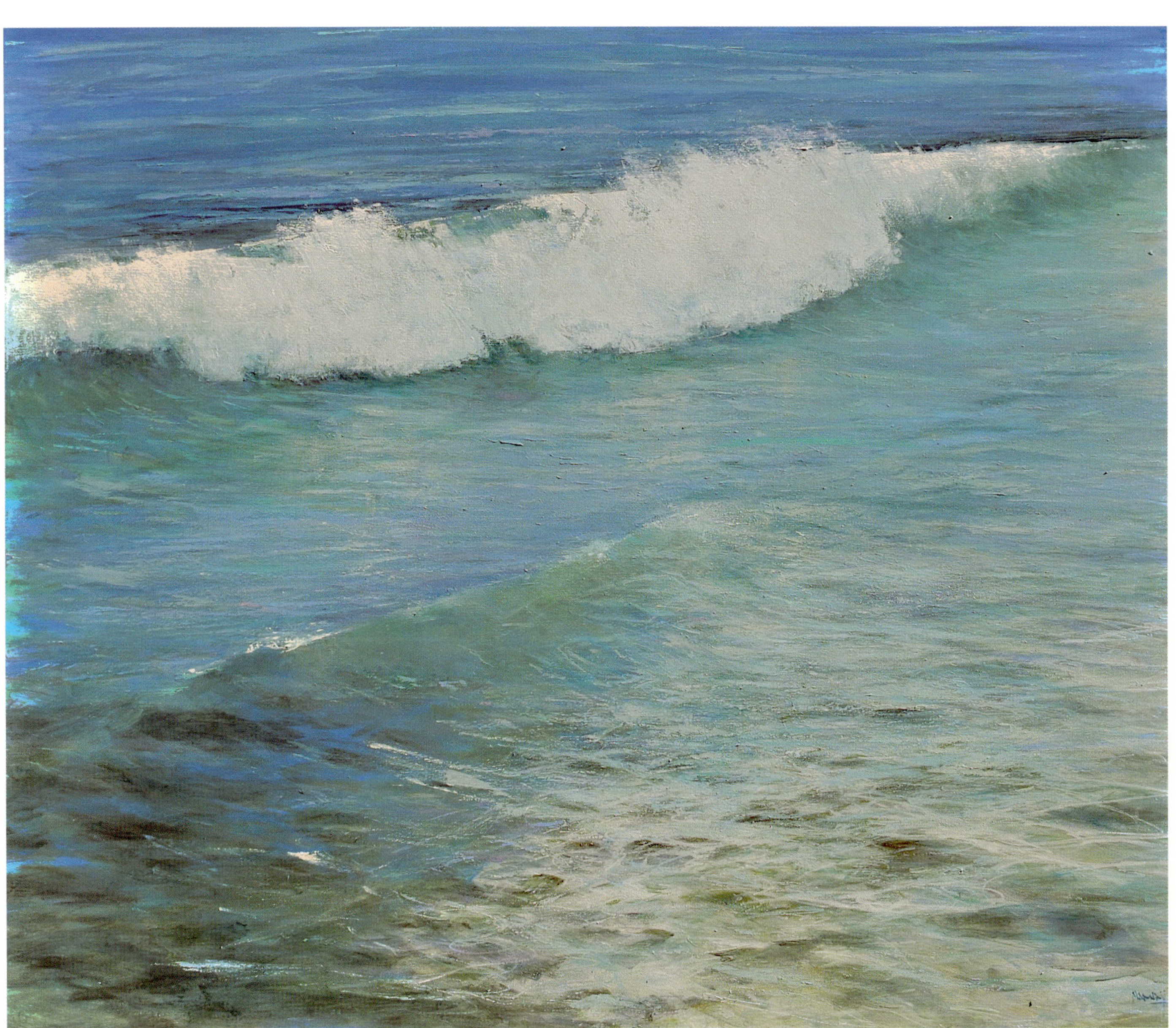

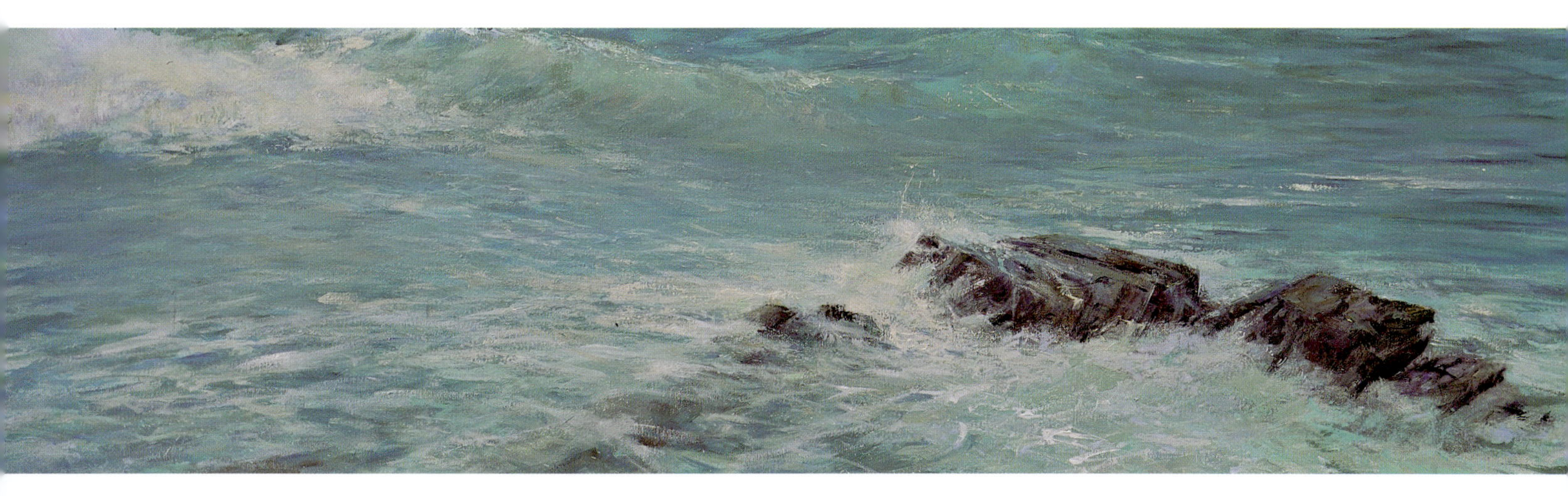

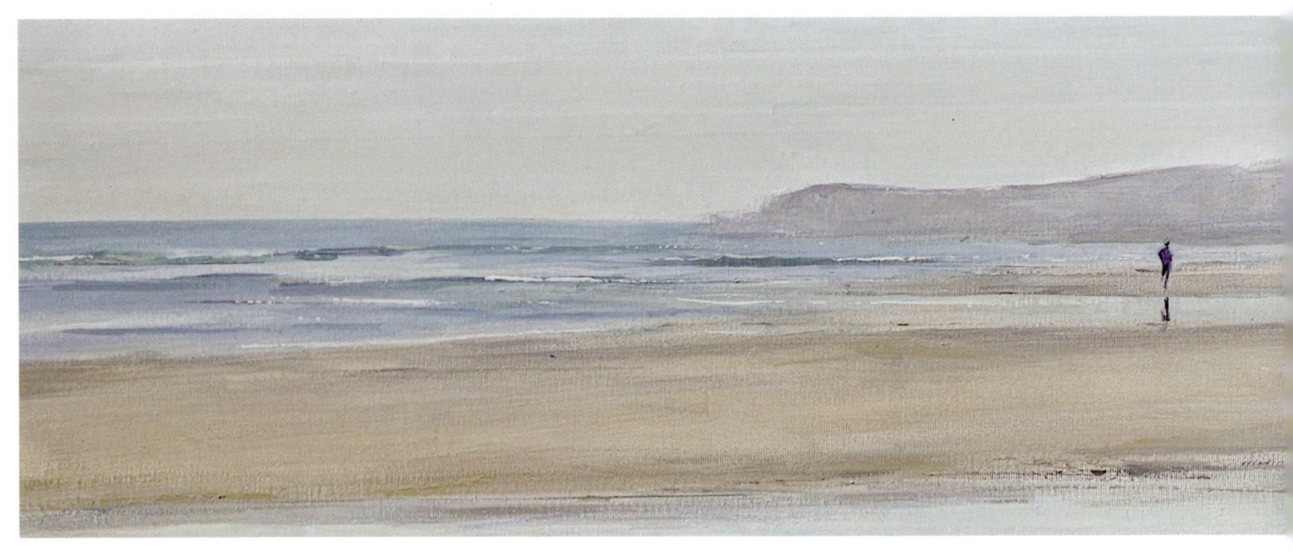

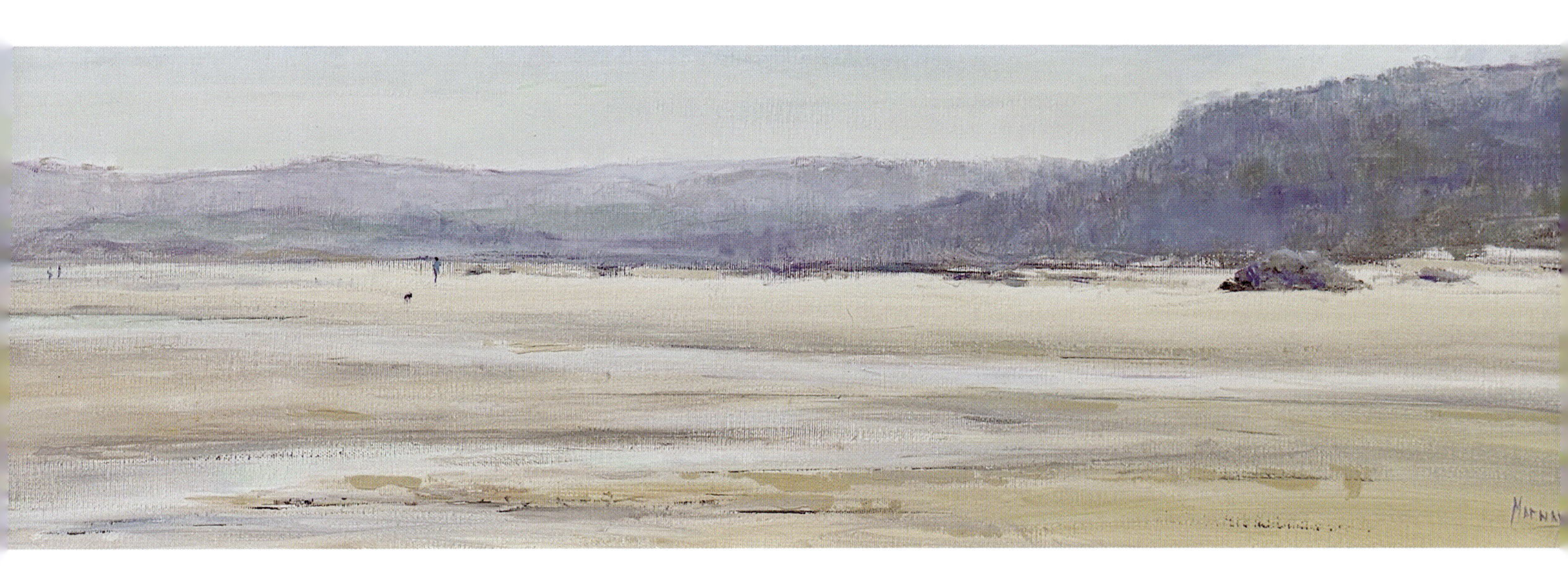

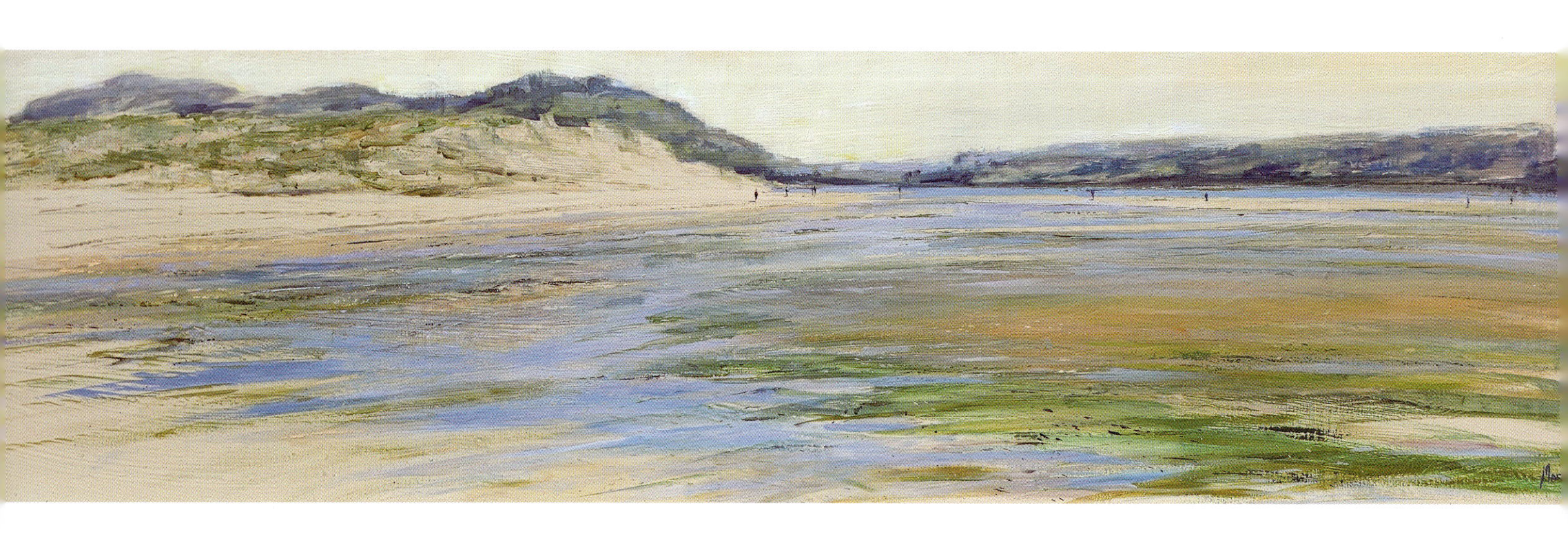

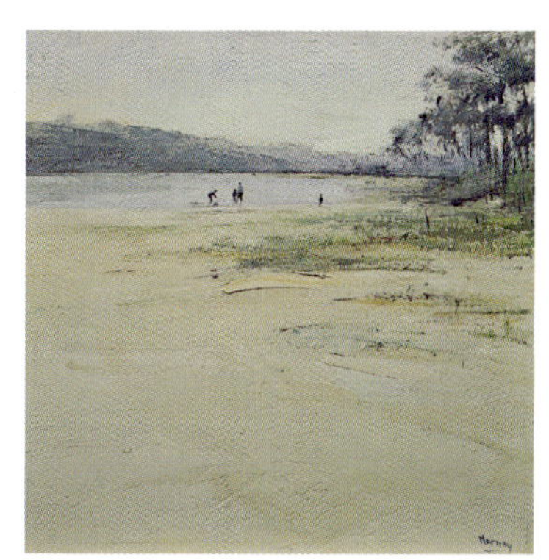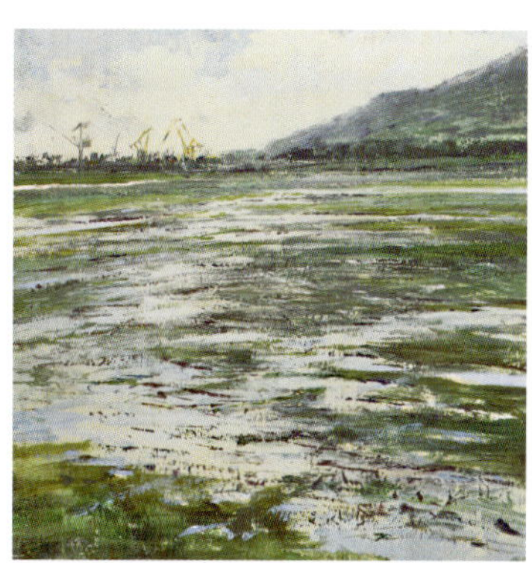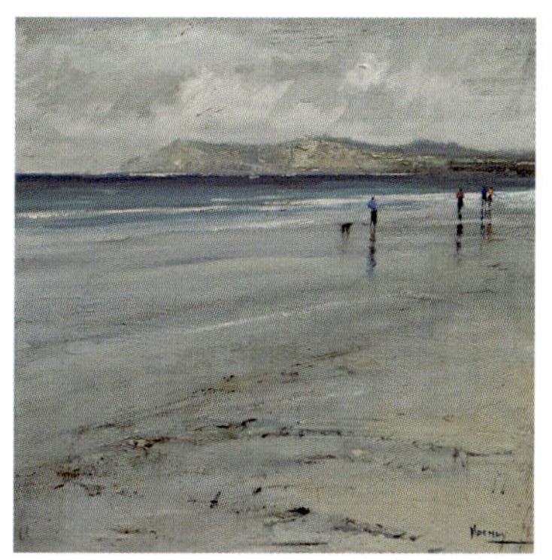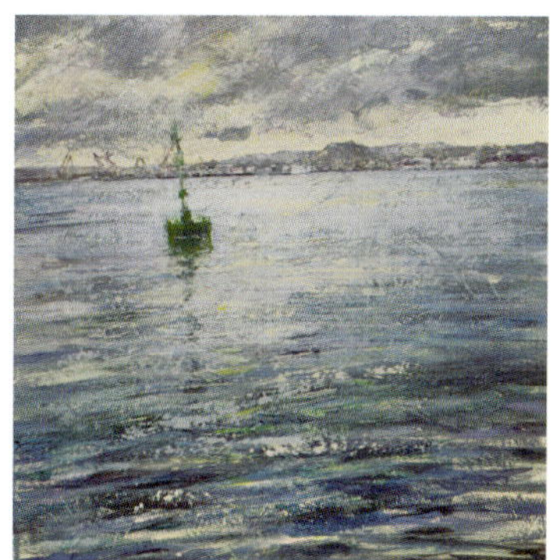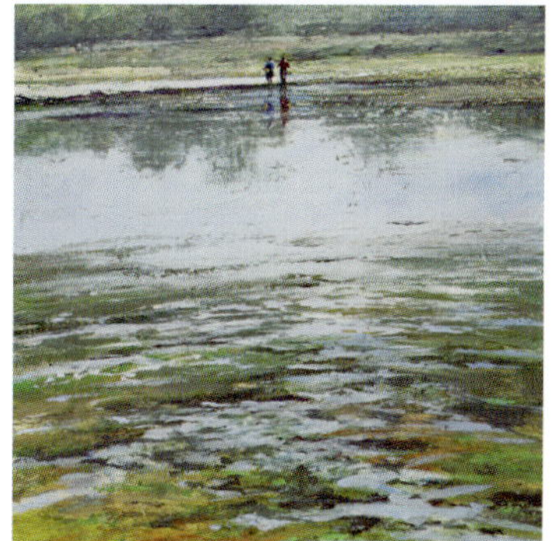

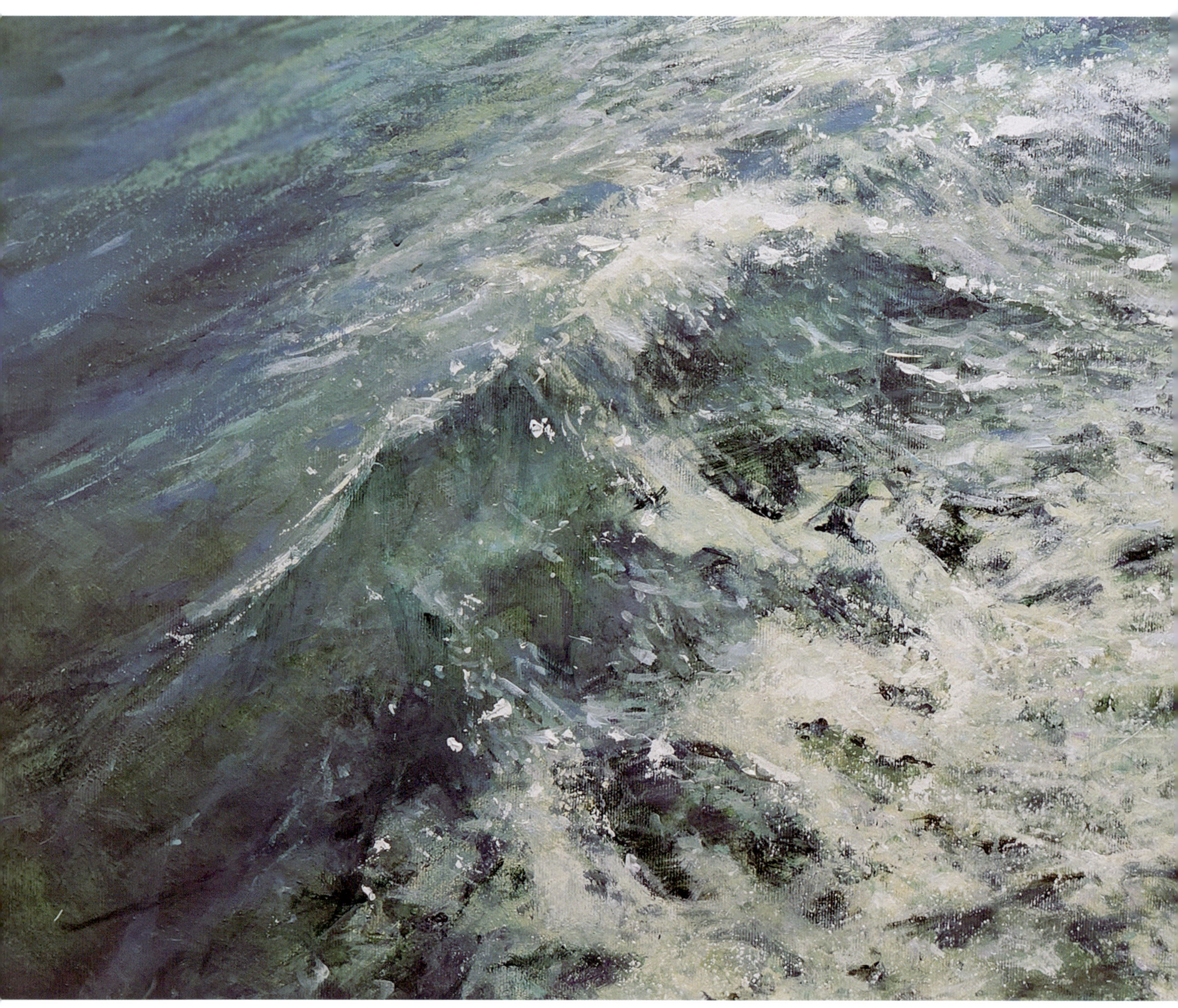

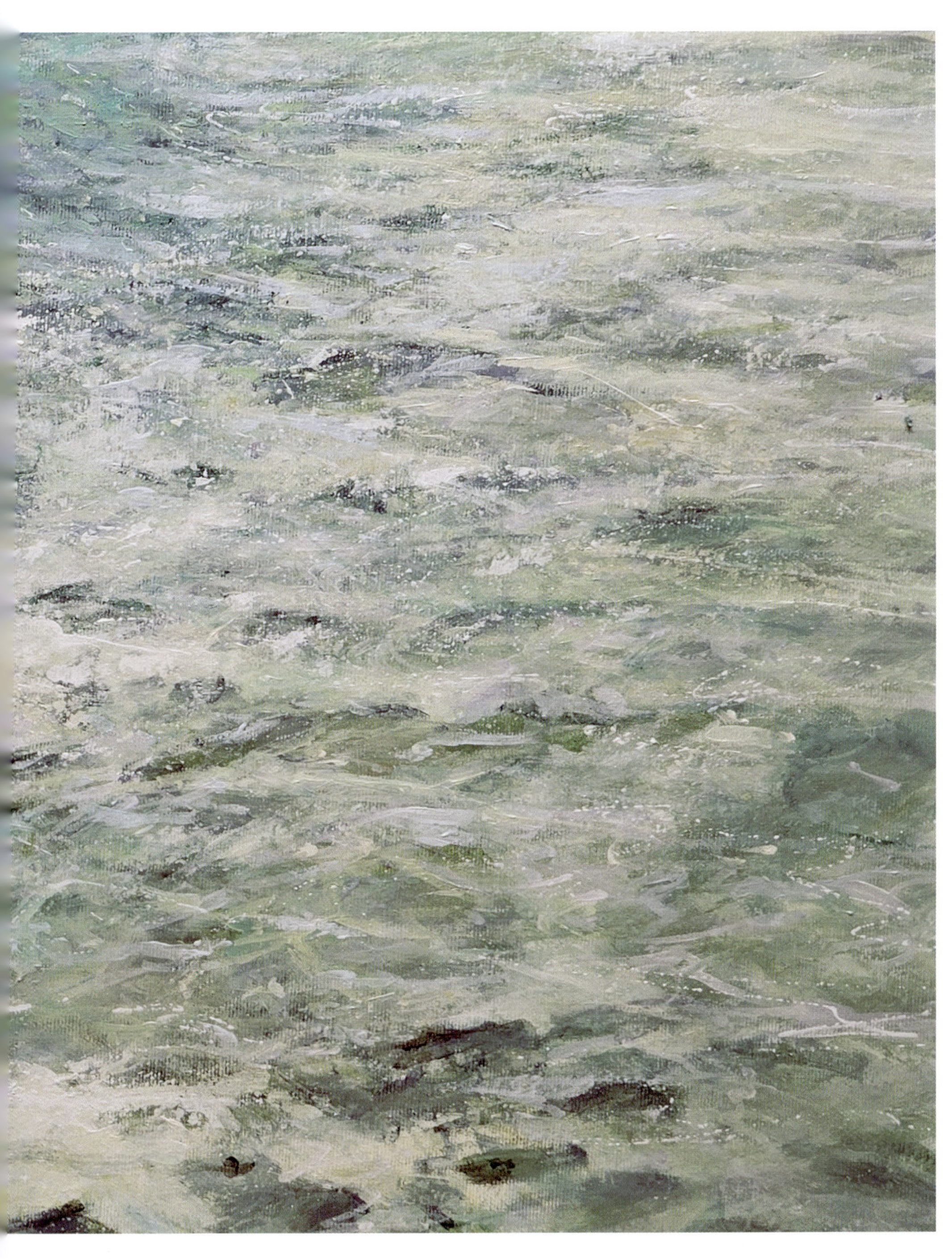

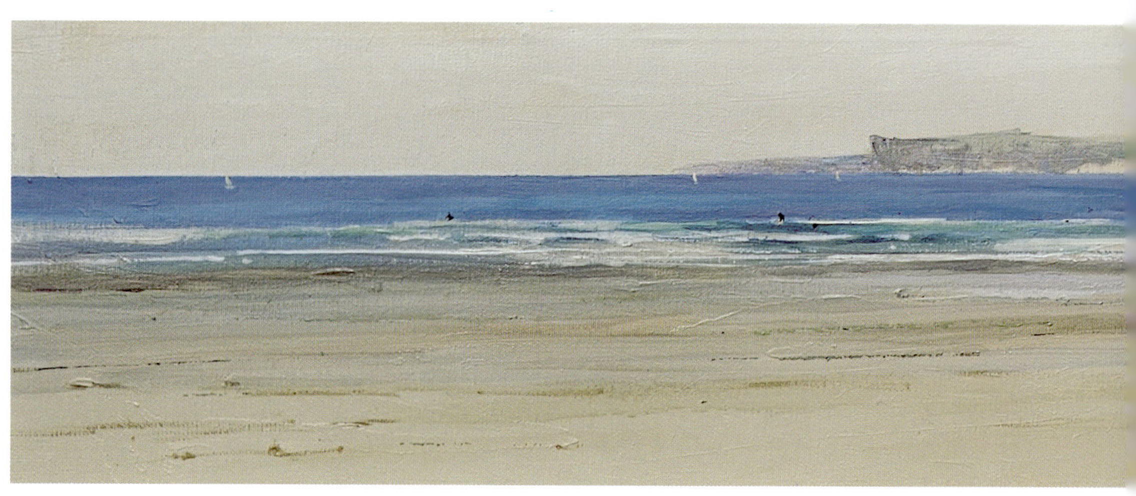

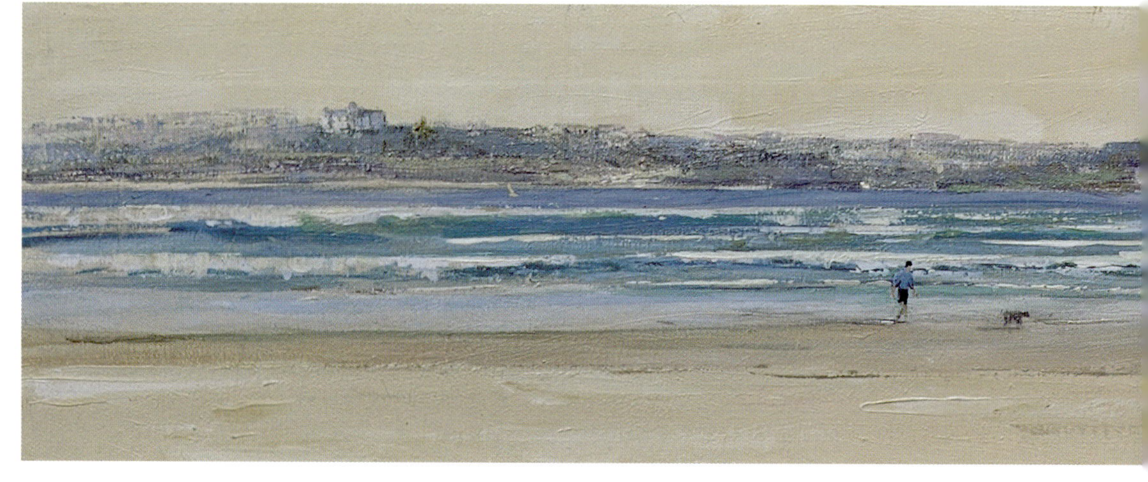

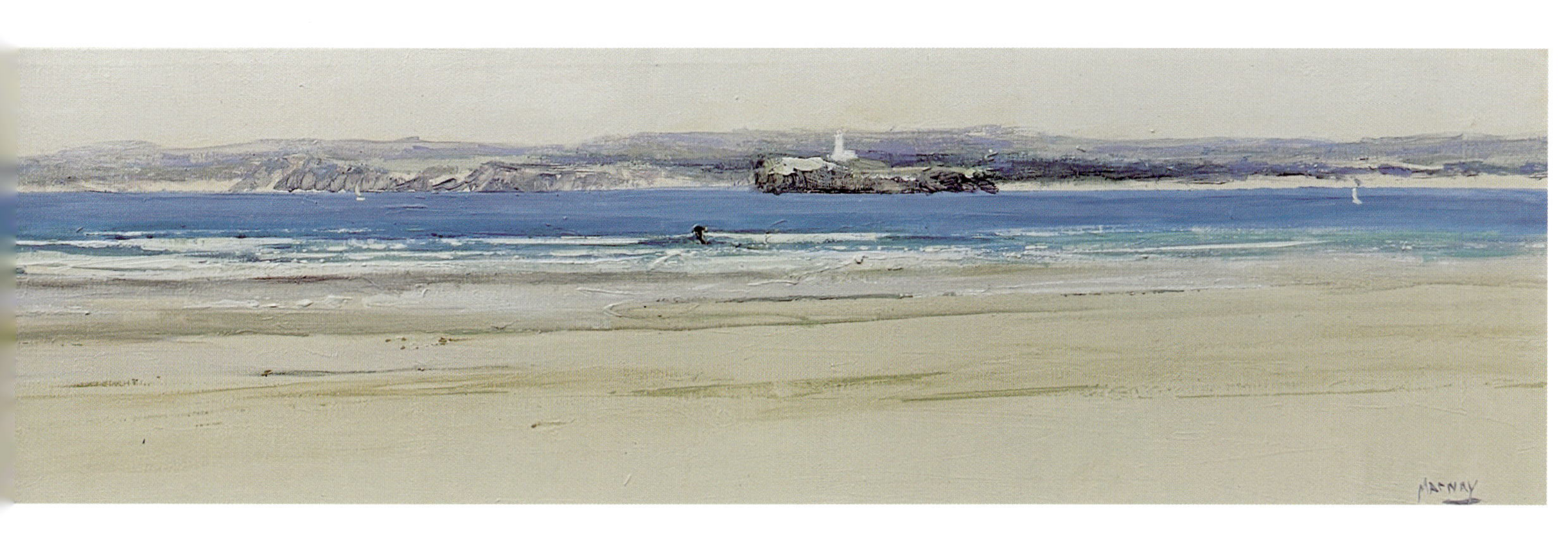

Marnay

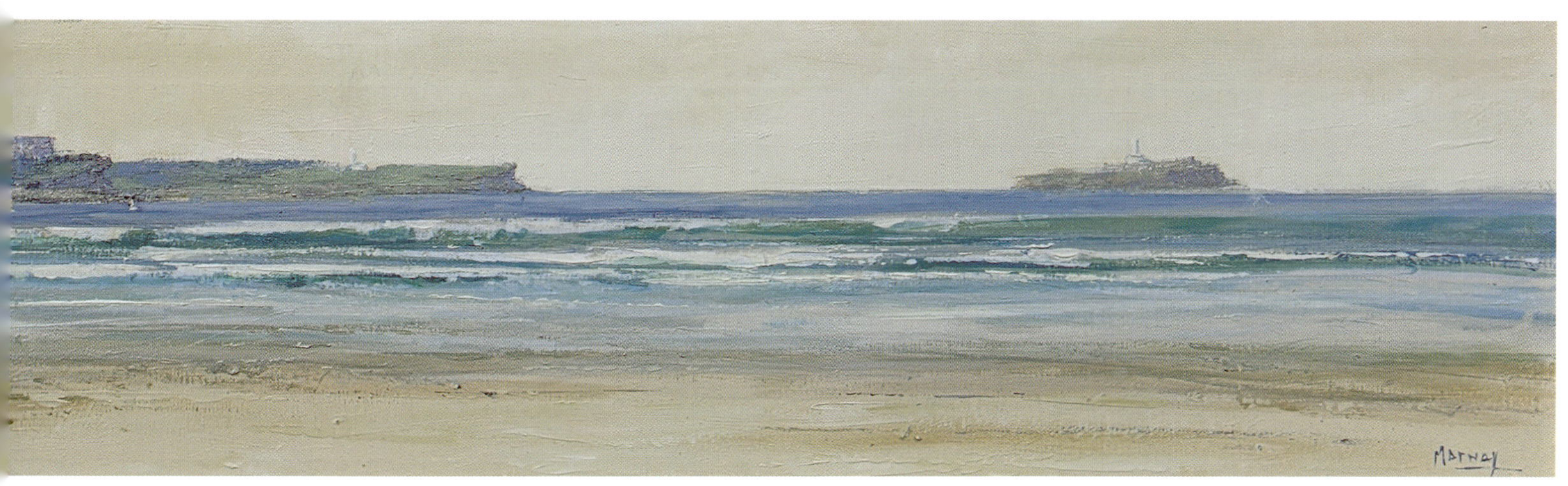

Marnay

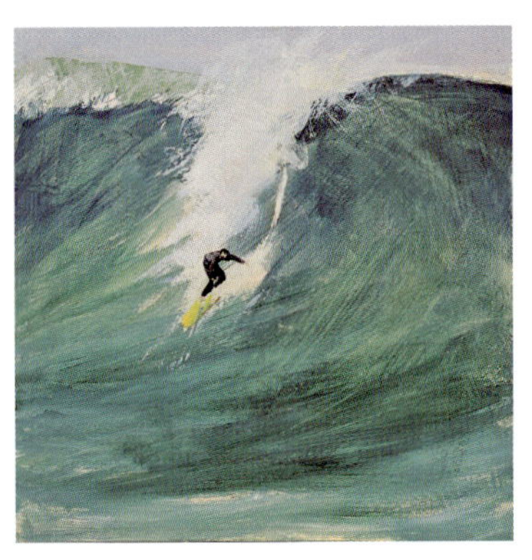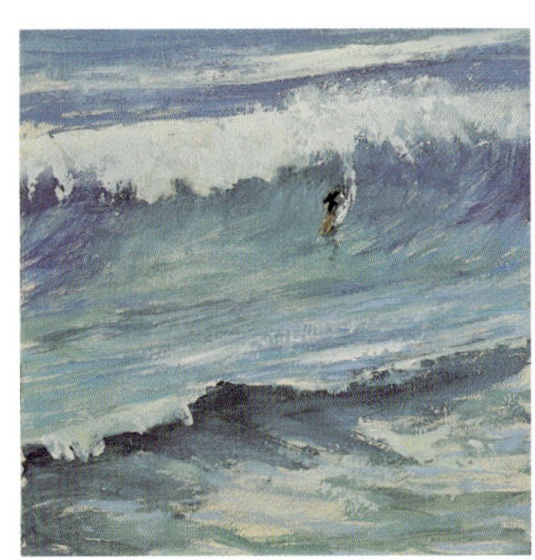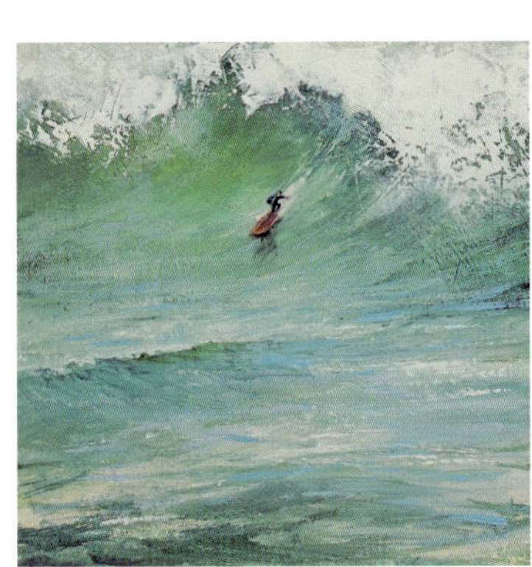

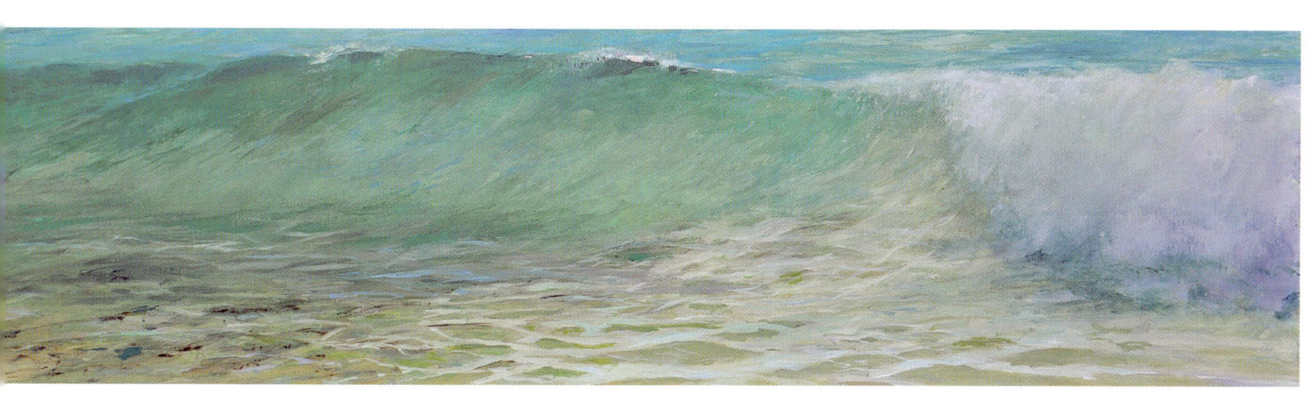

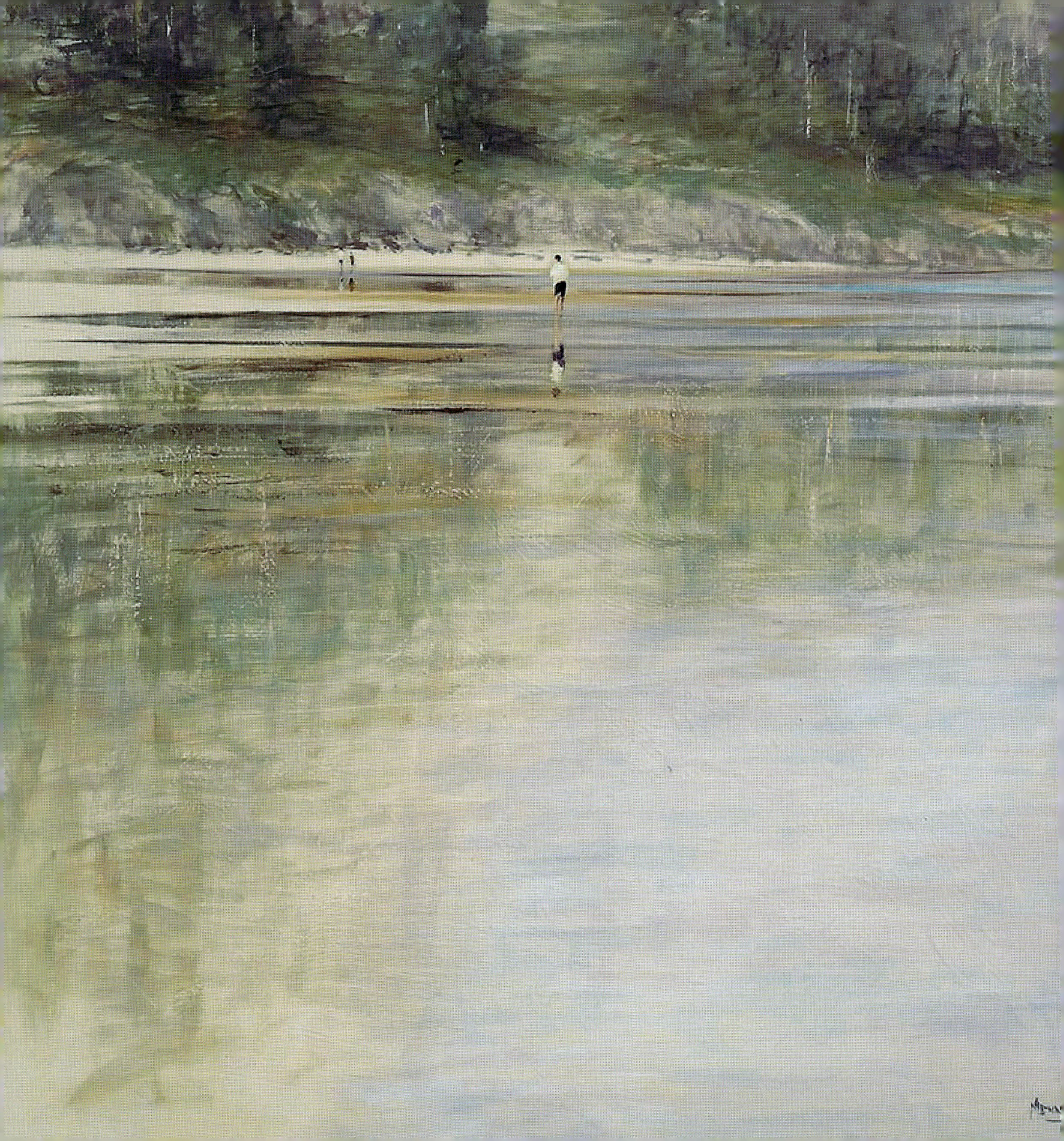

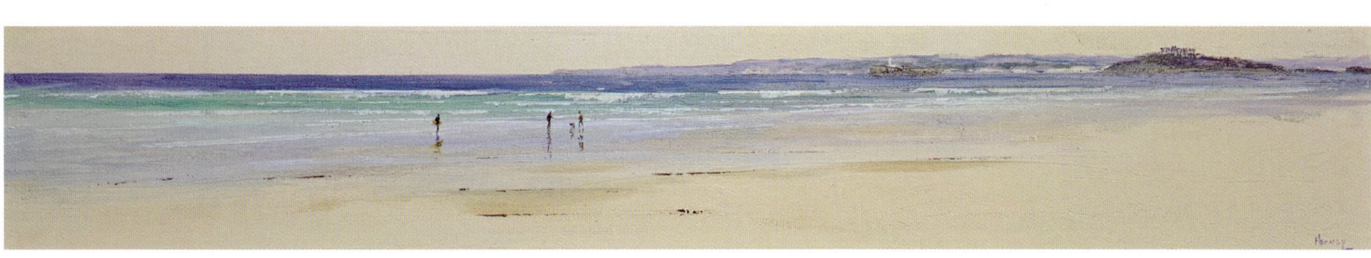

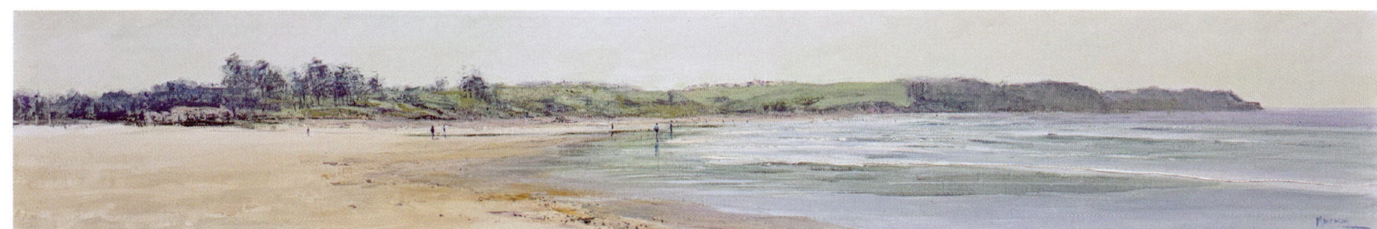

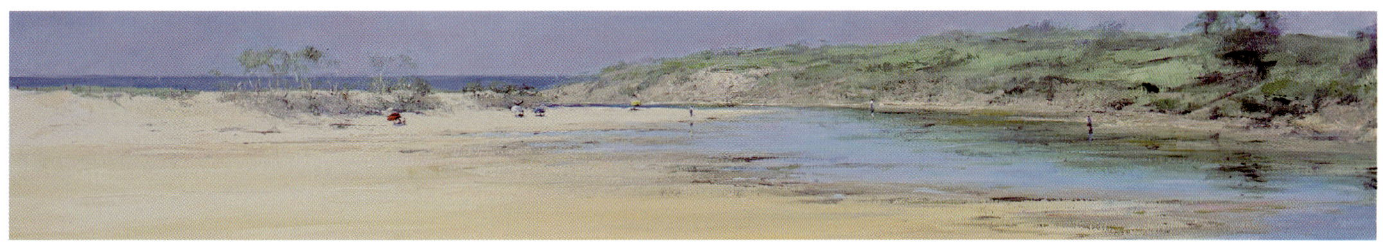

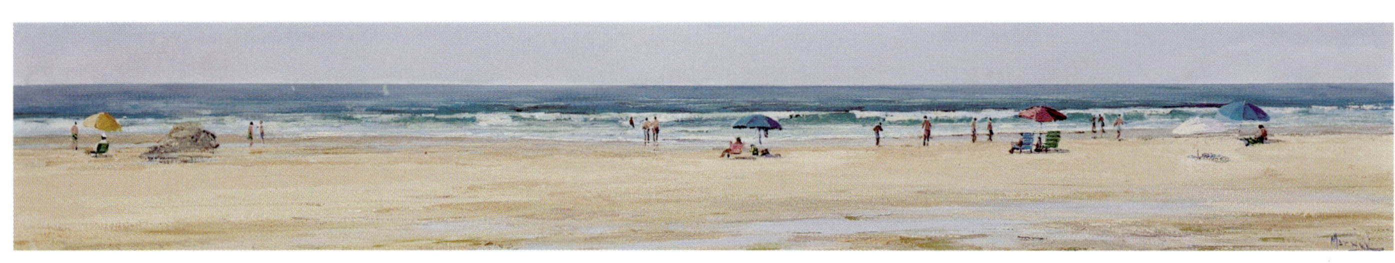

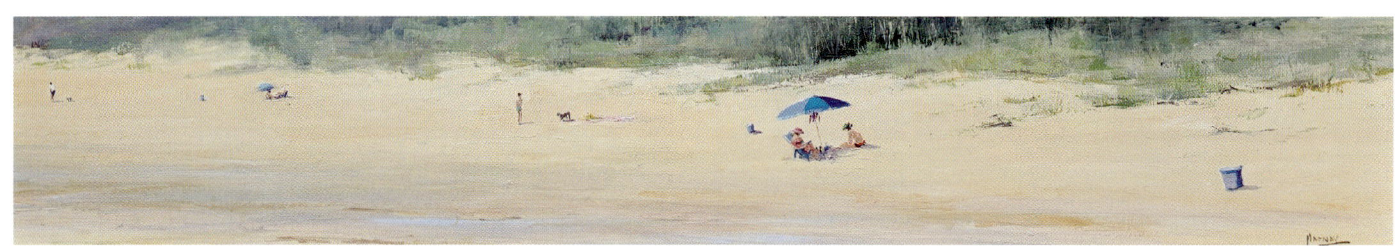

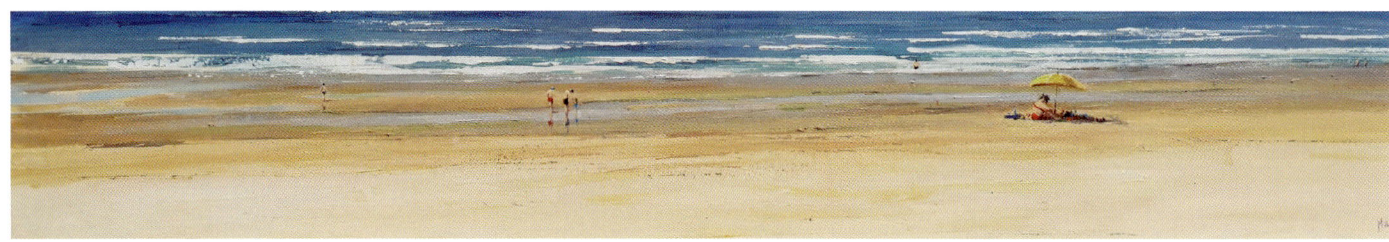

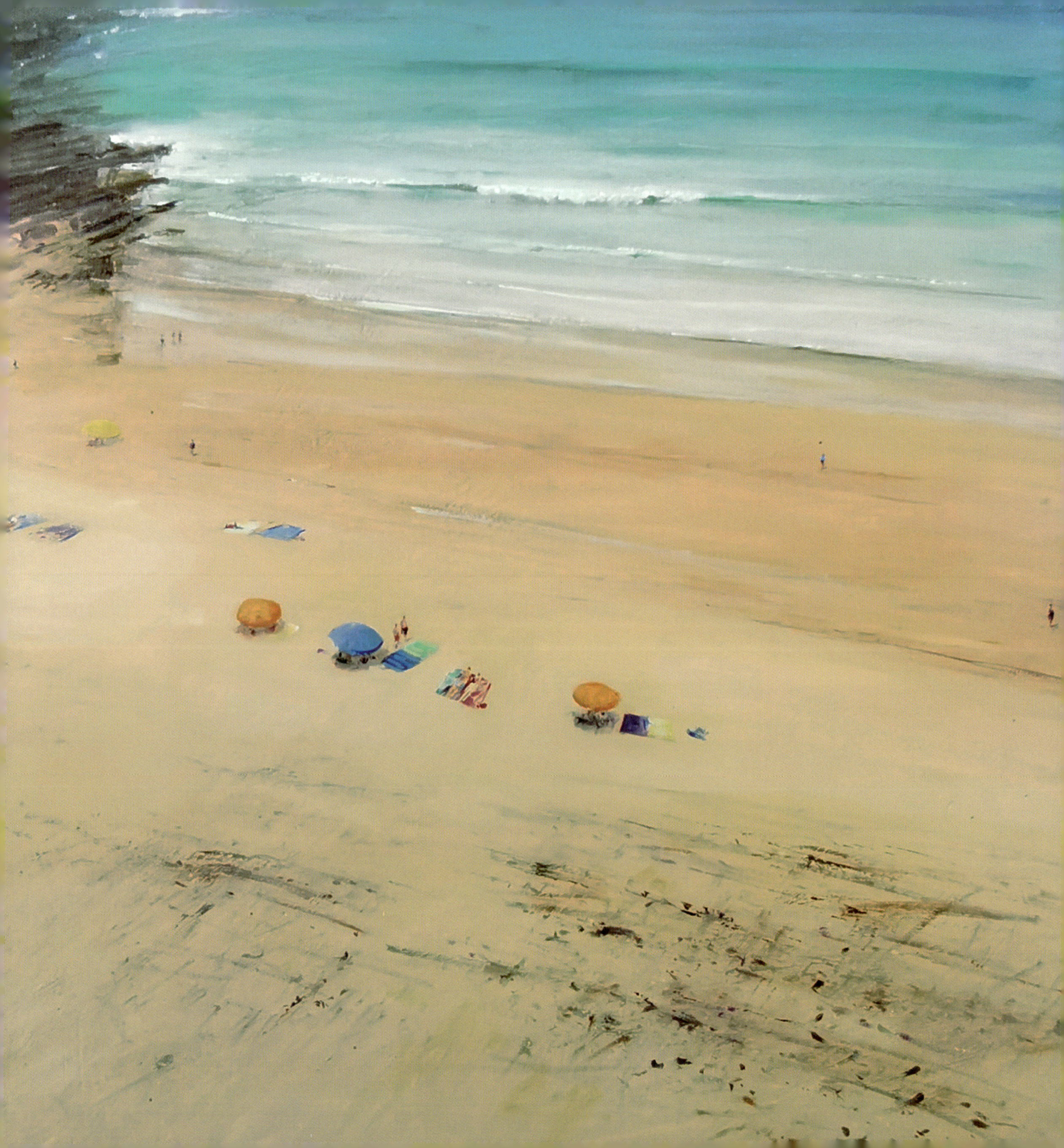

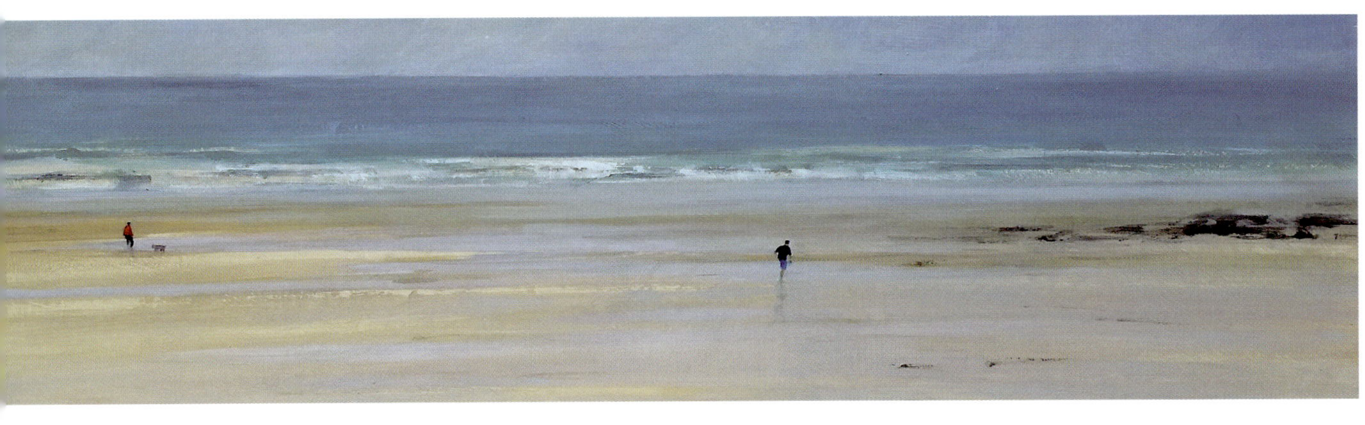

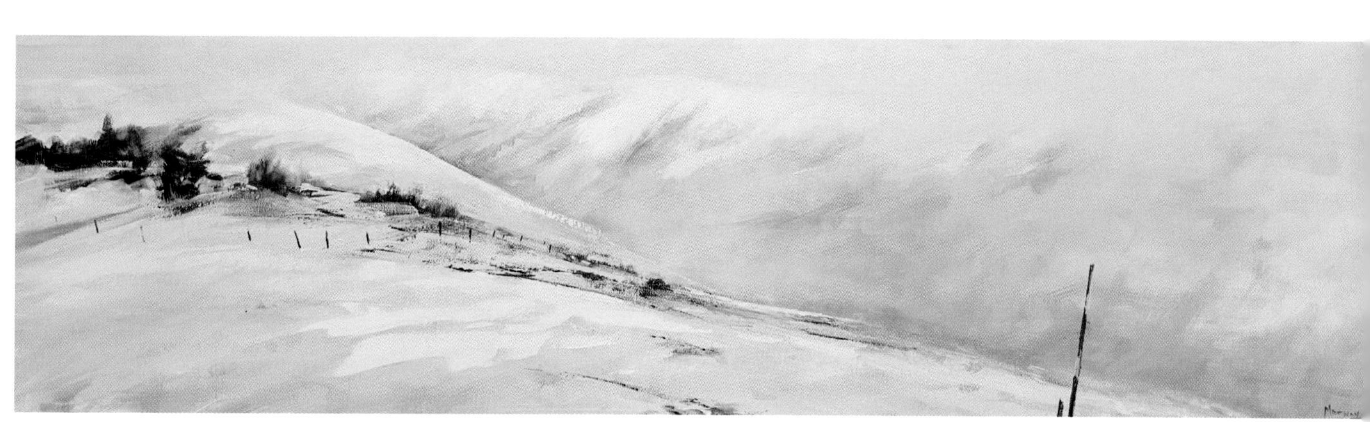

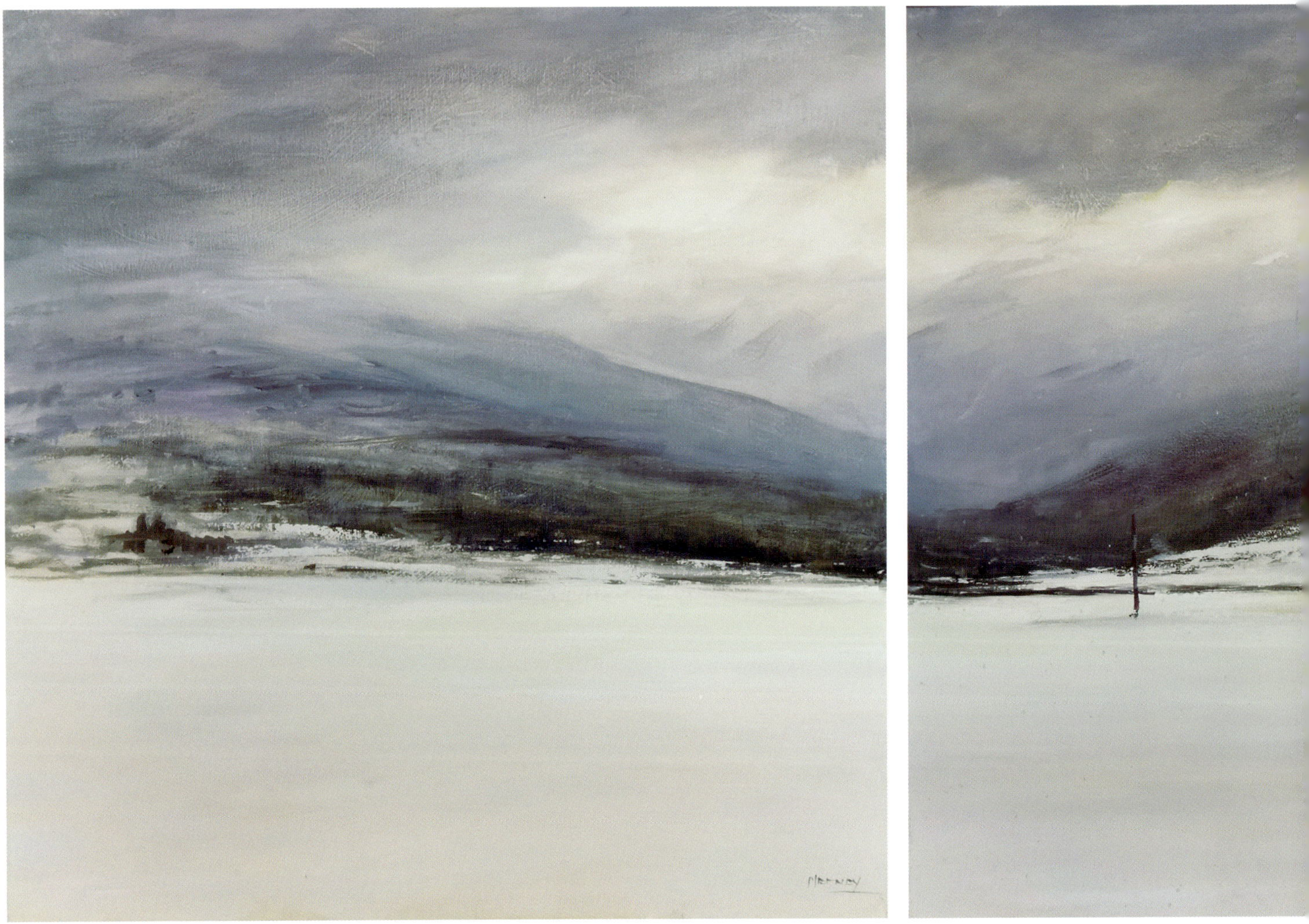

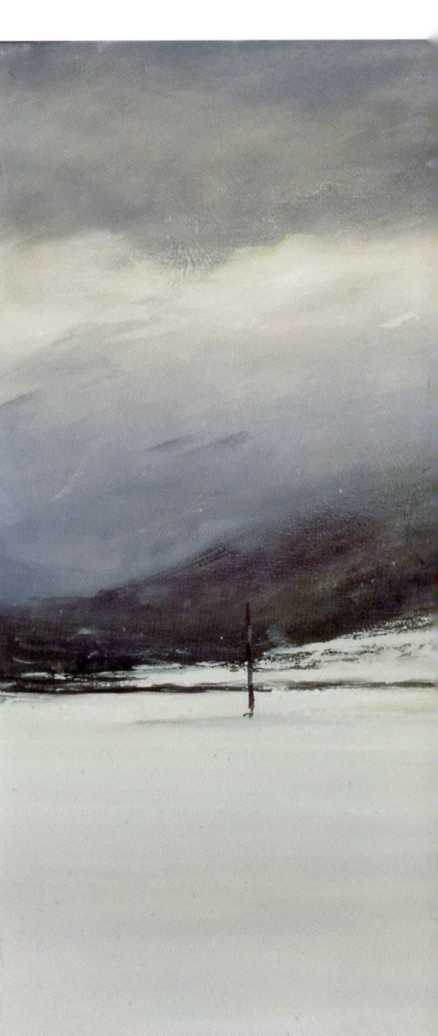

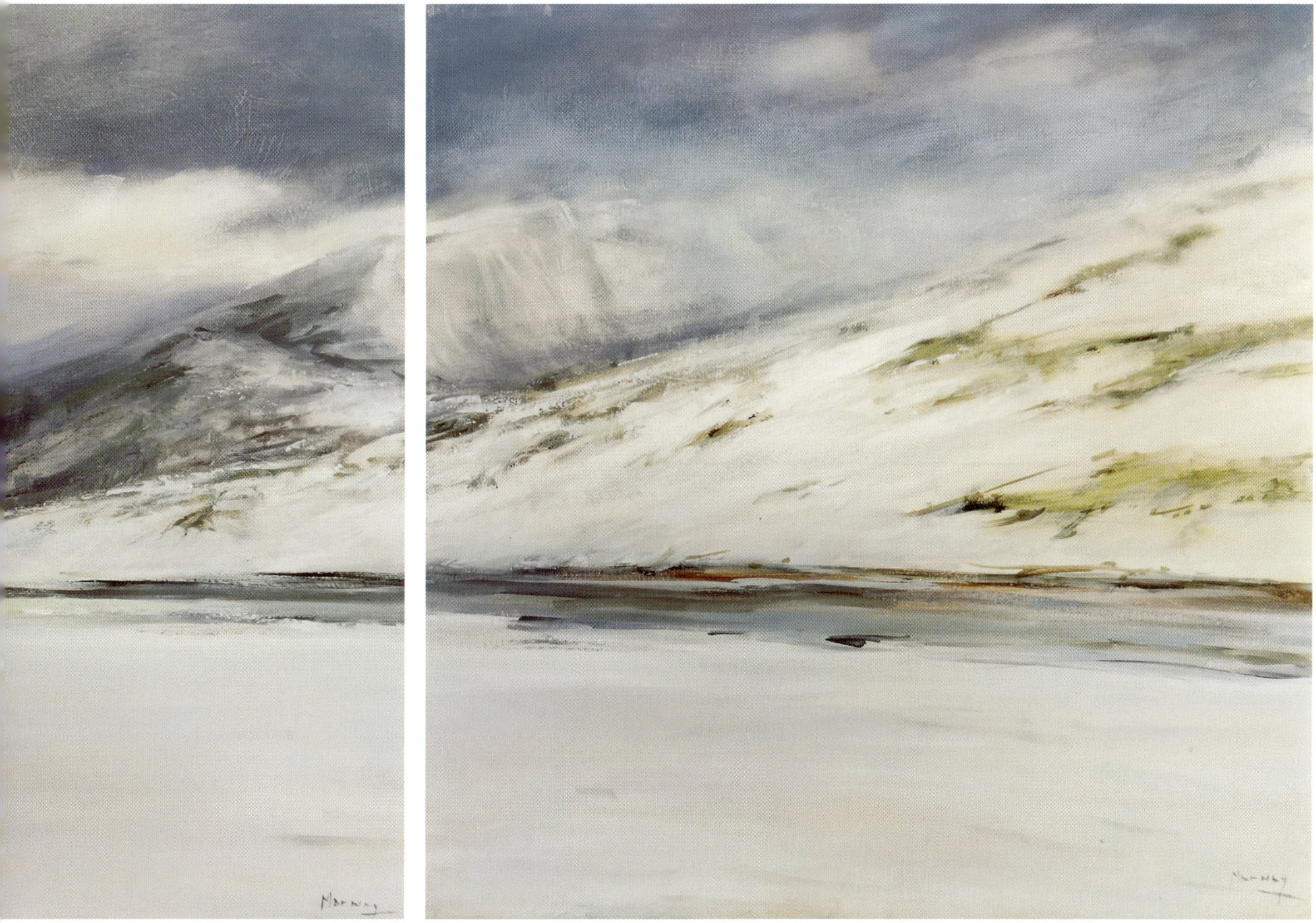

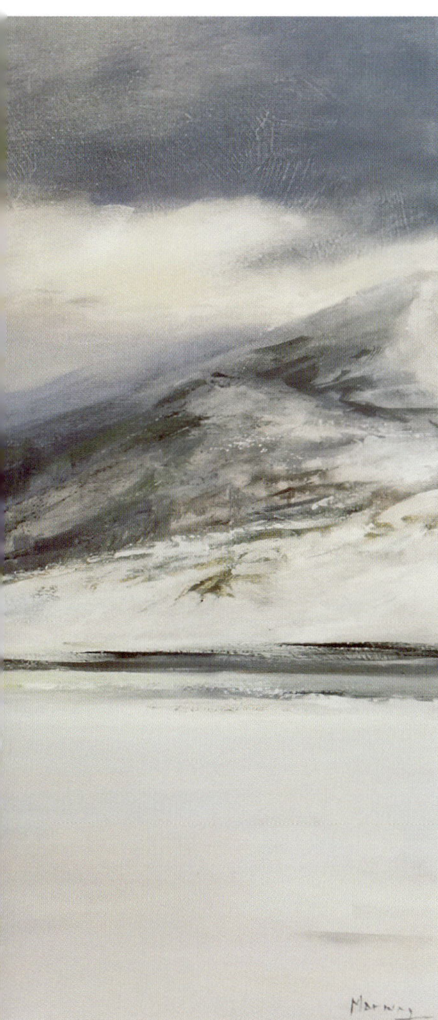

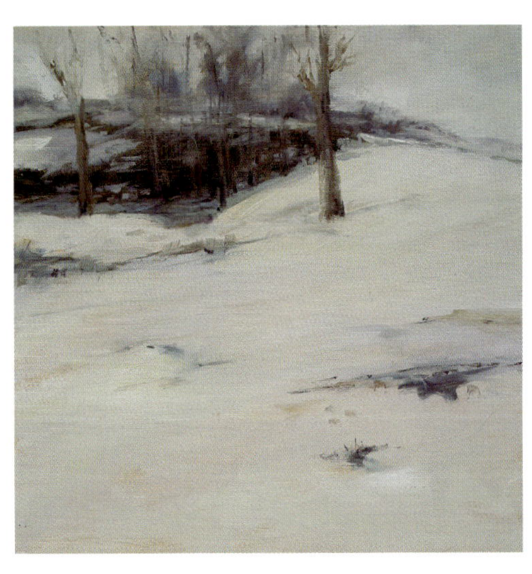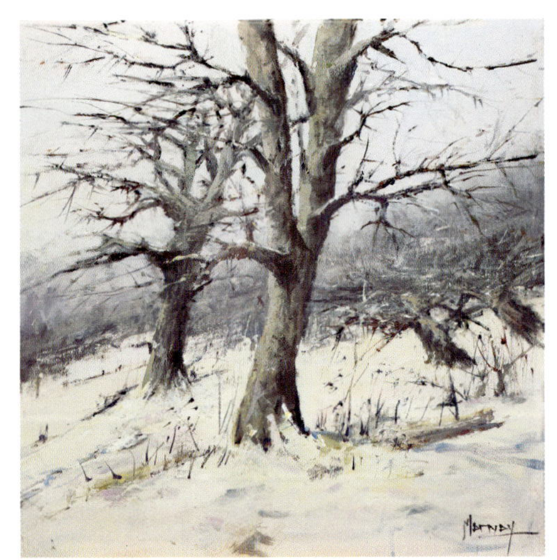

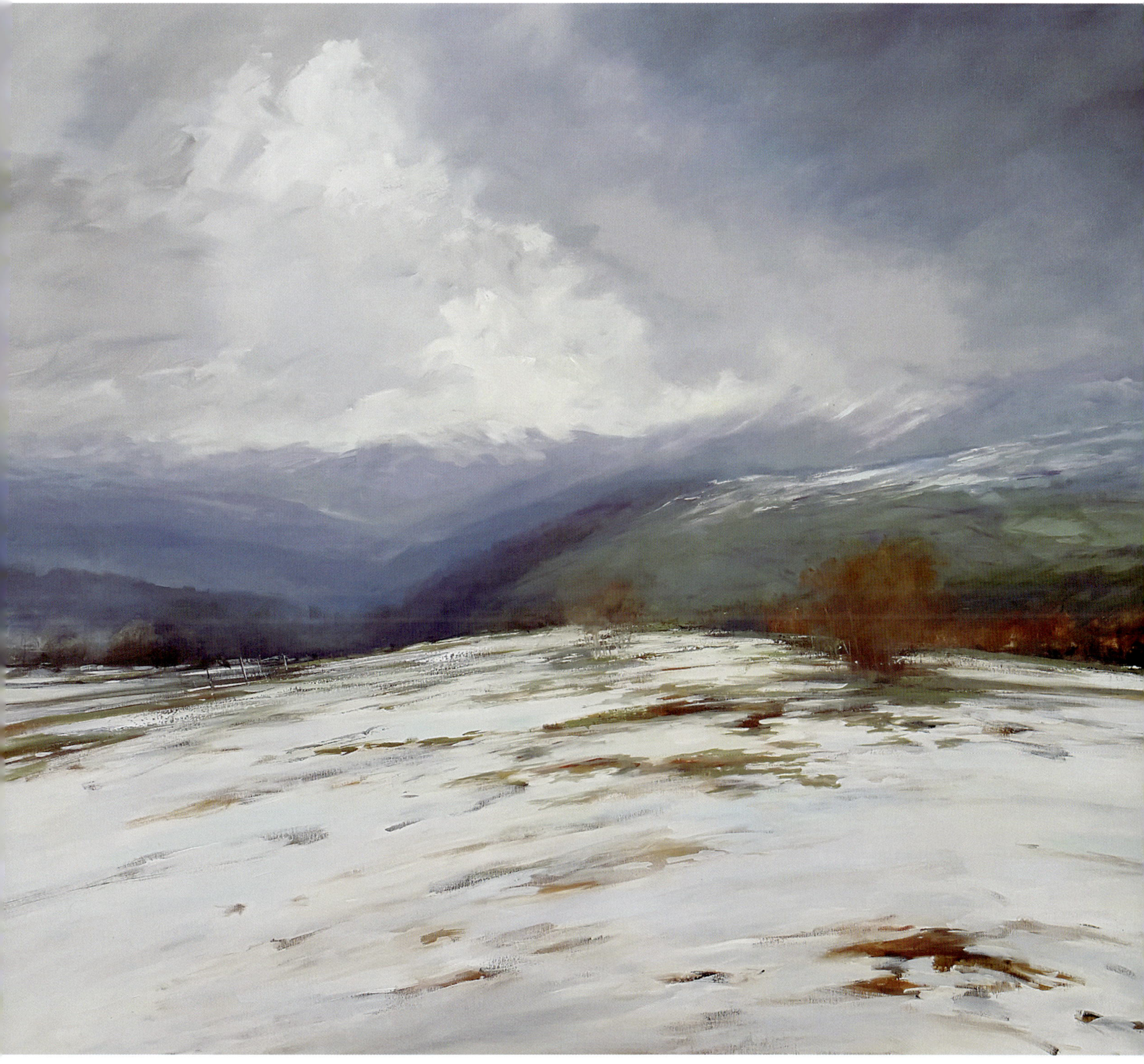

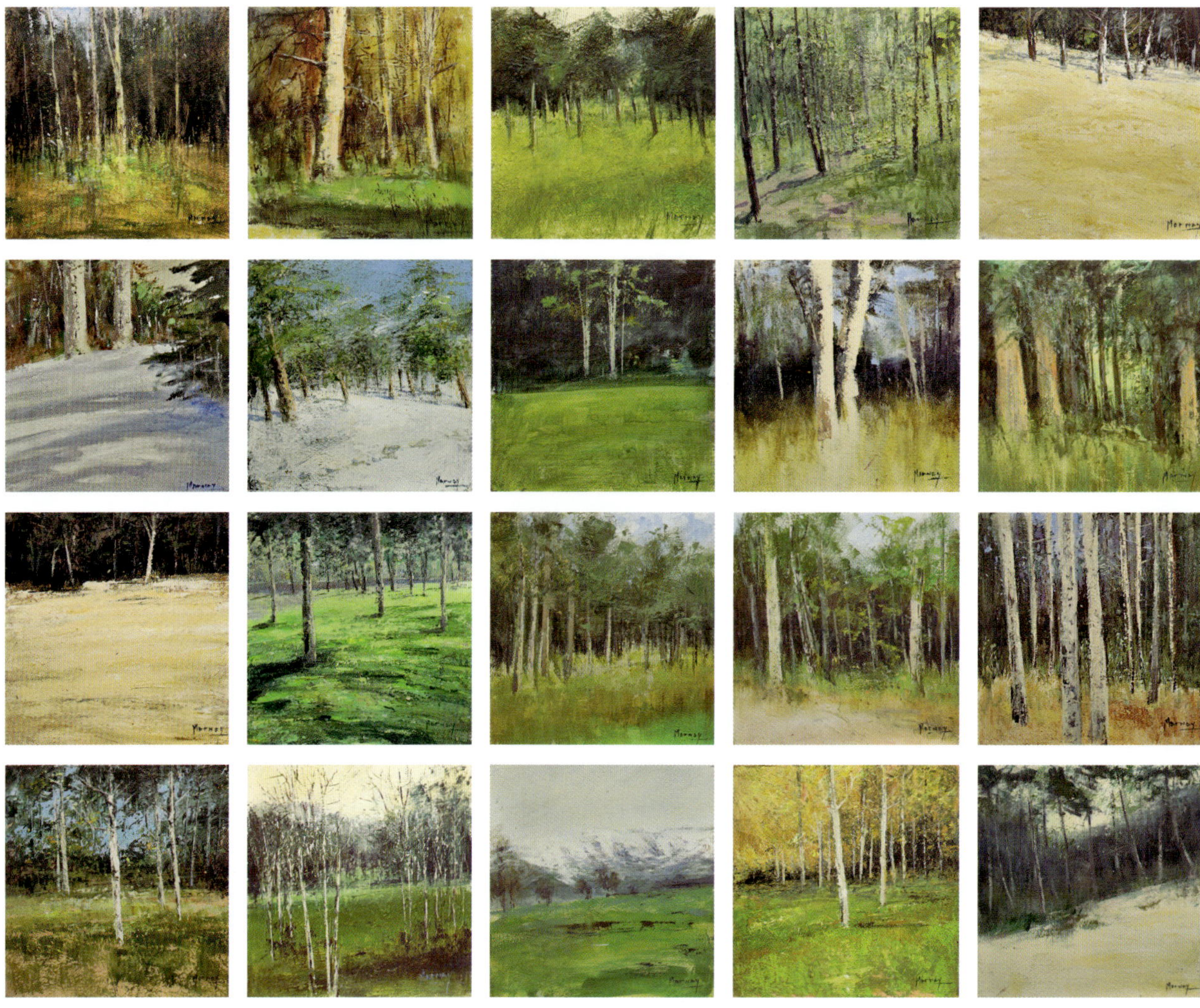

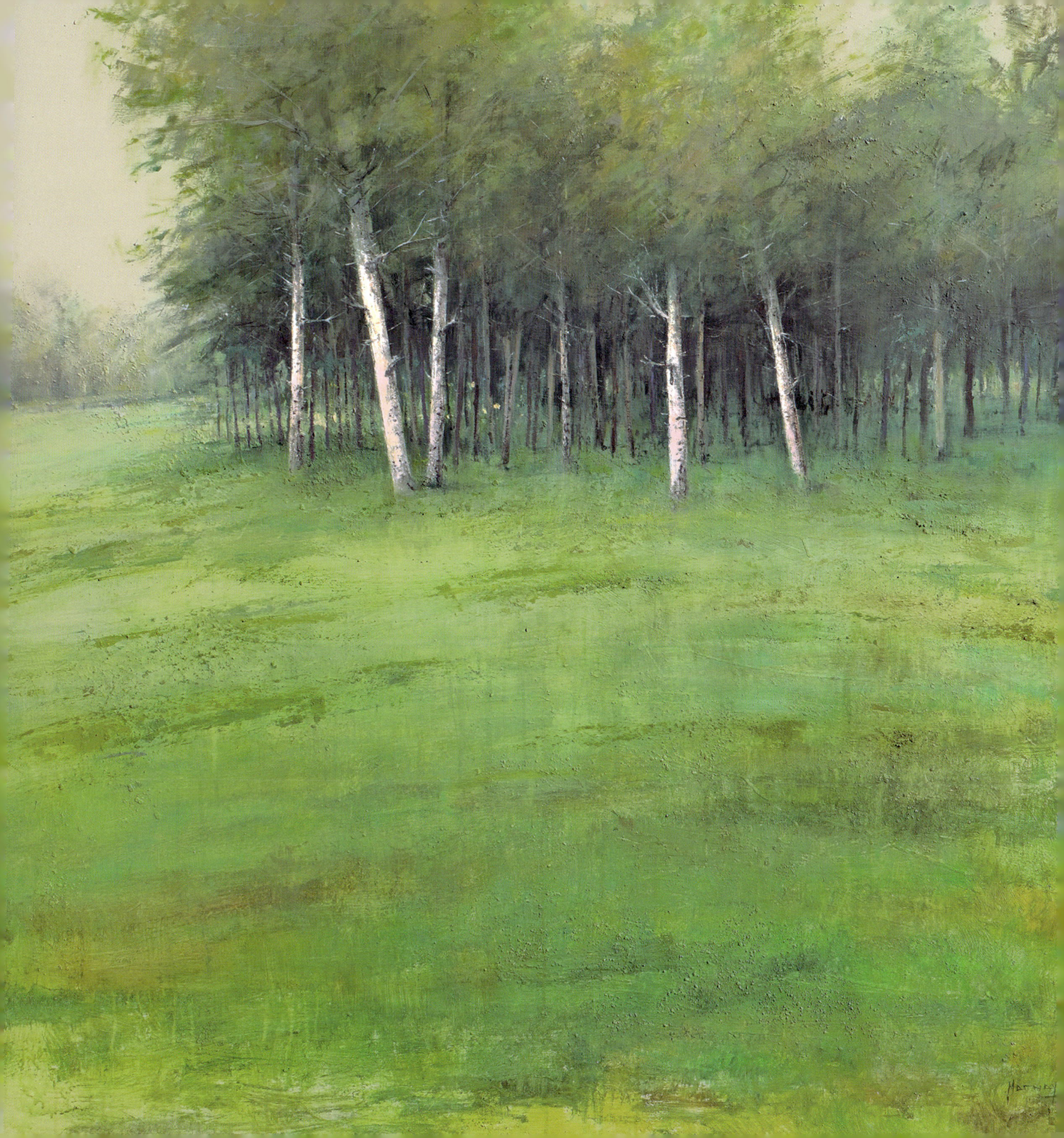
Harvey

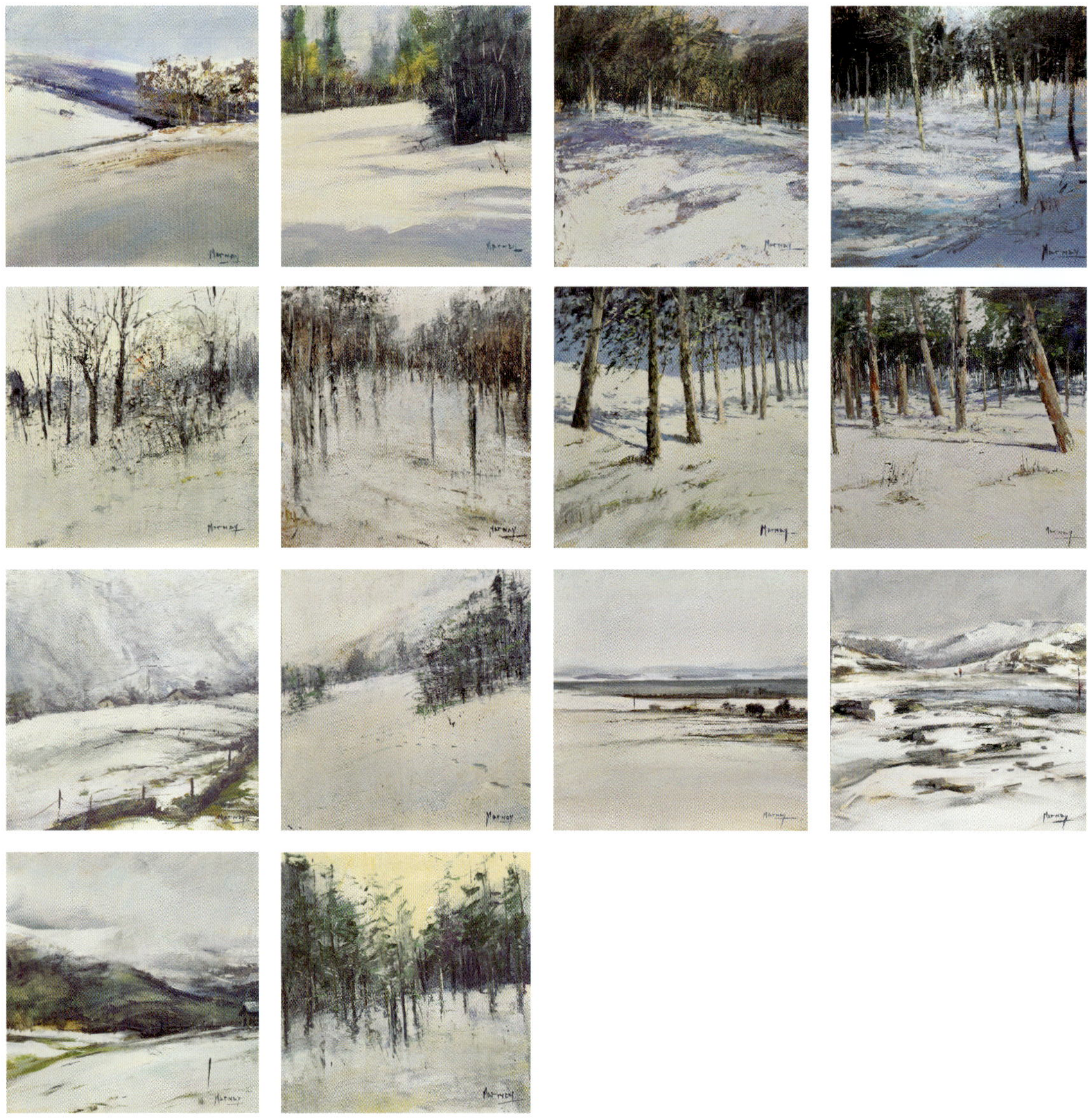

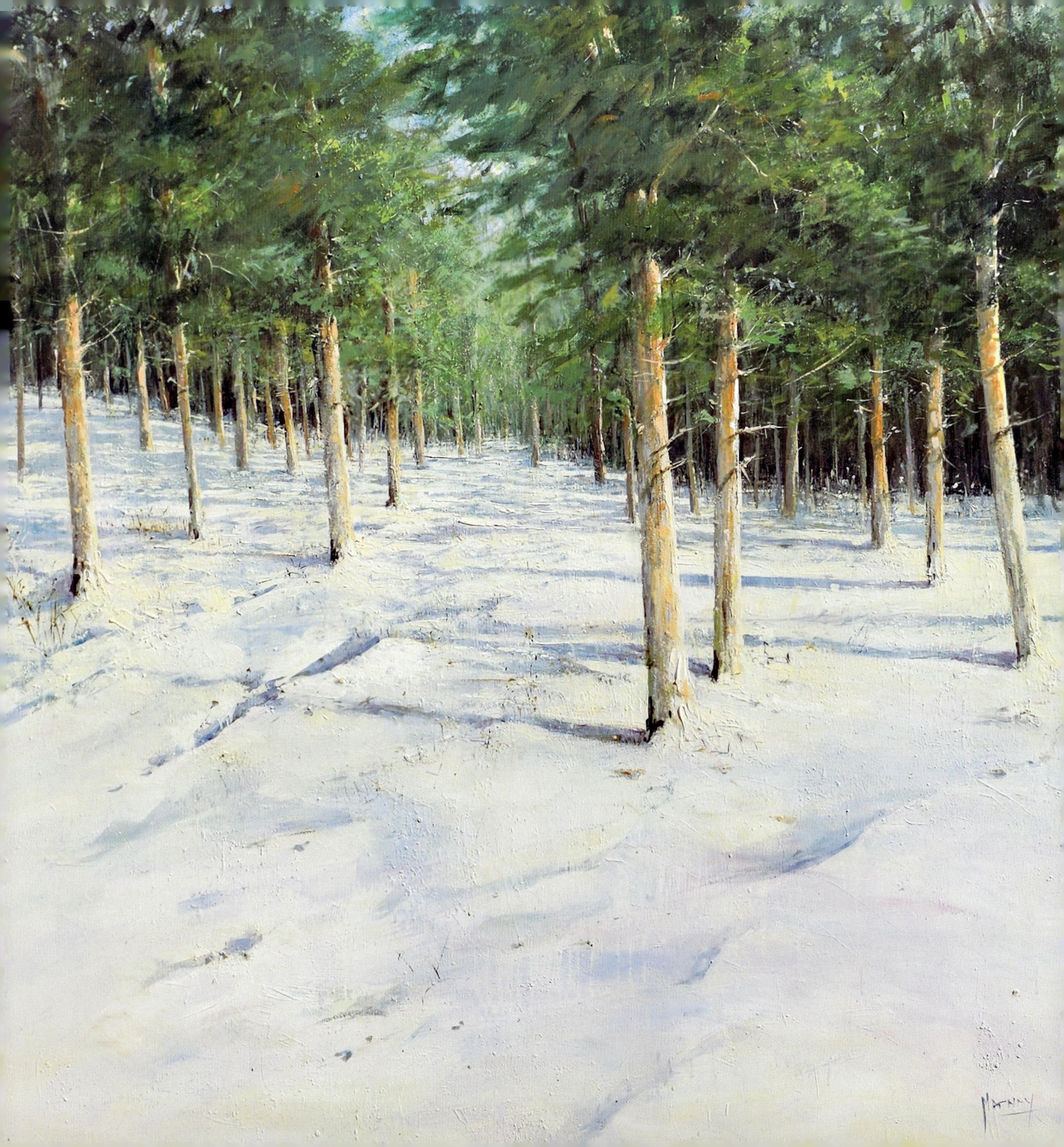

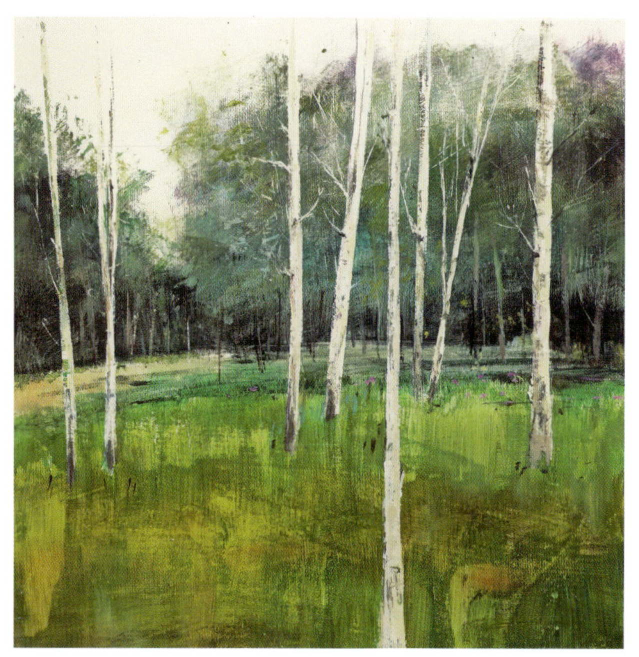

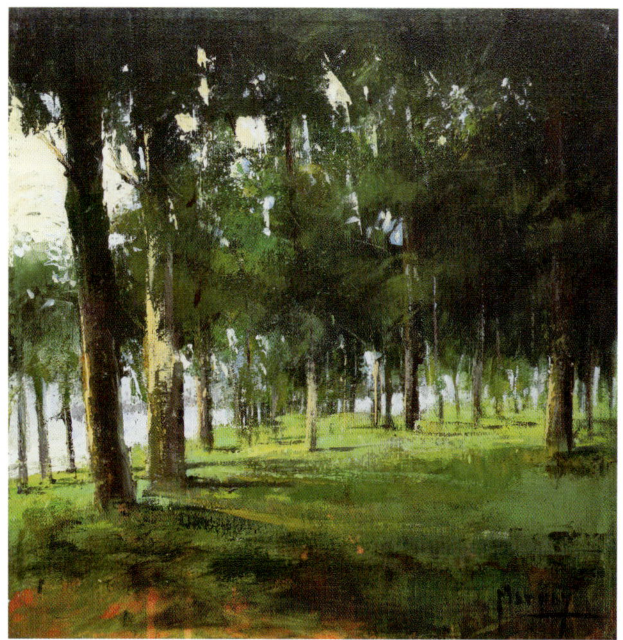

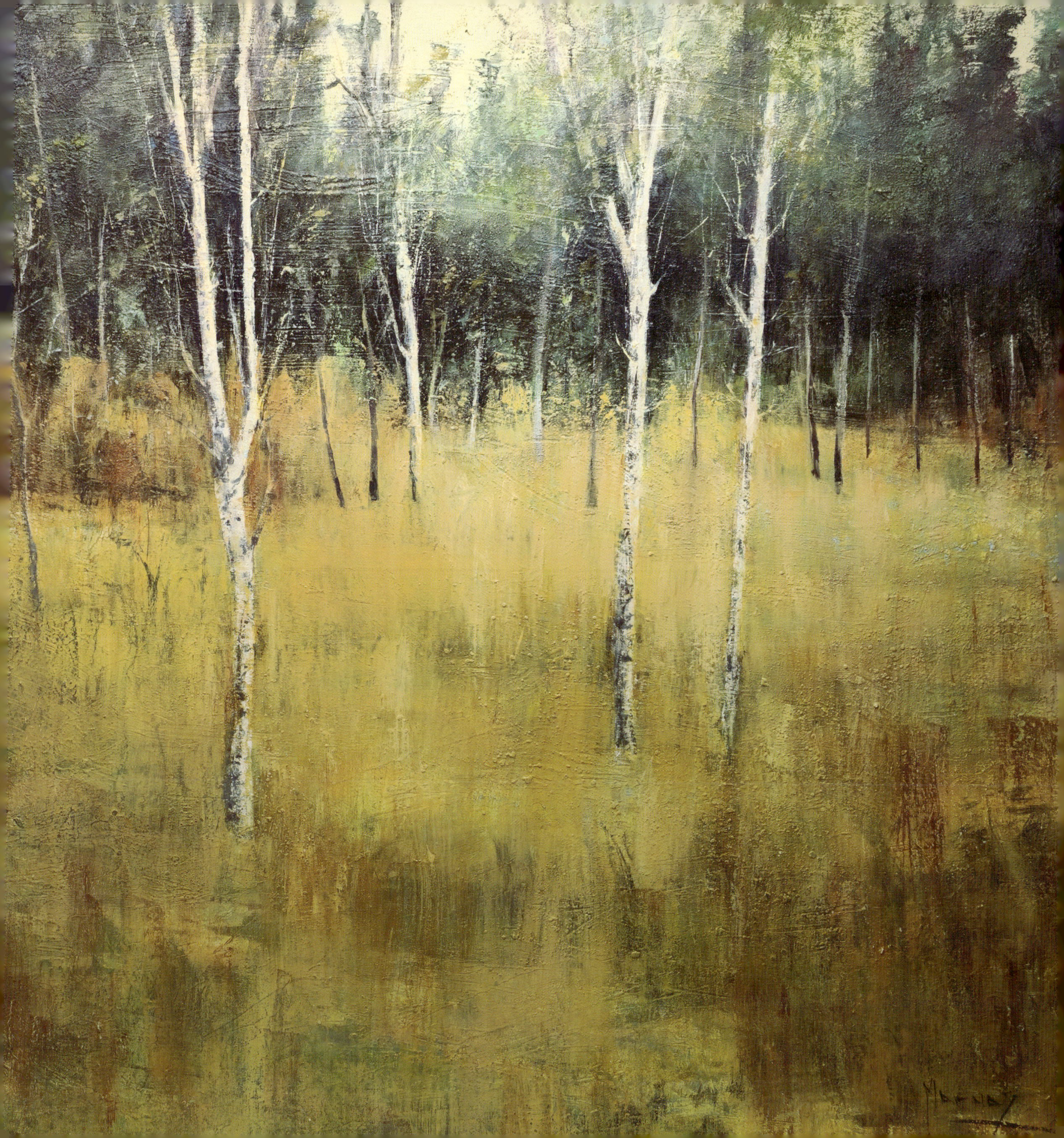

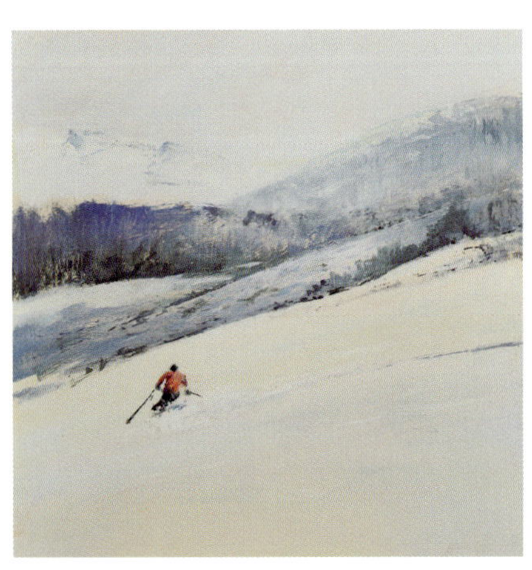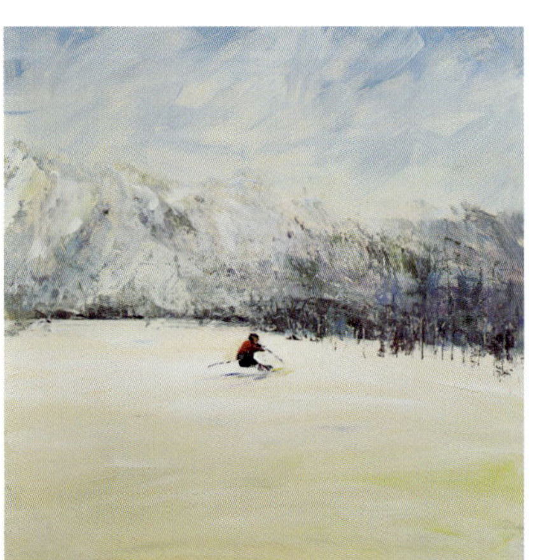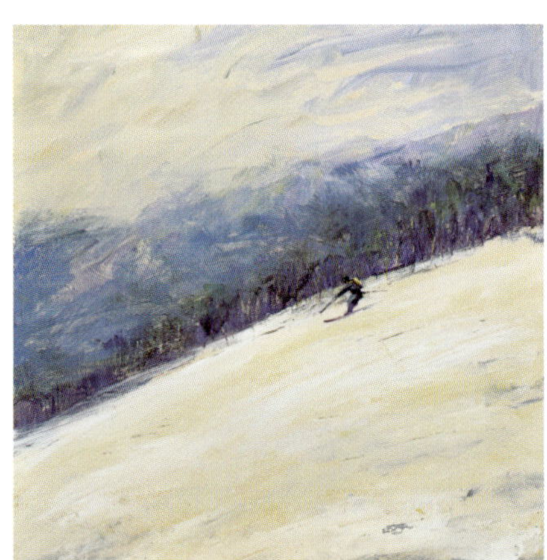

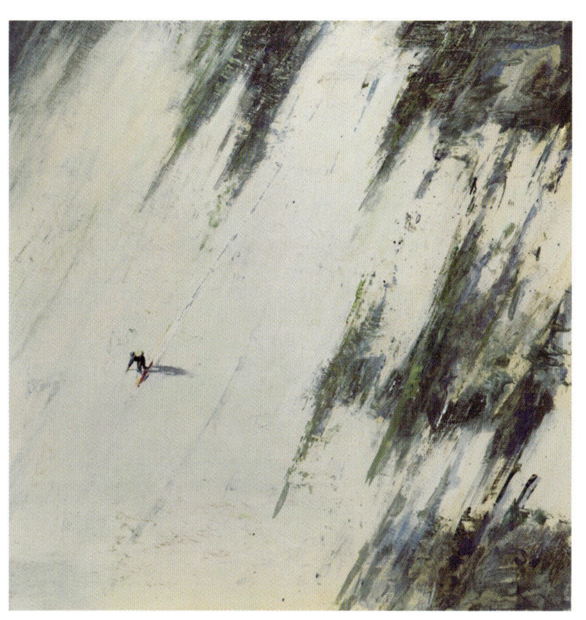

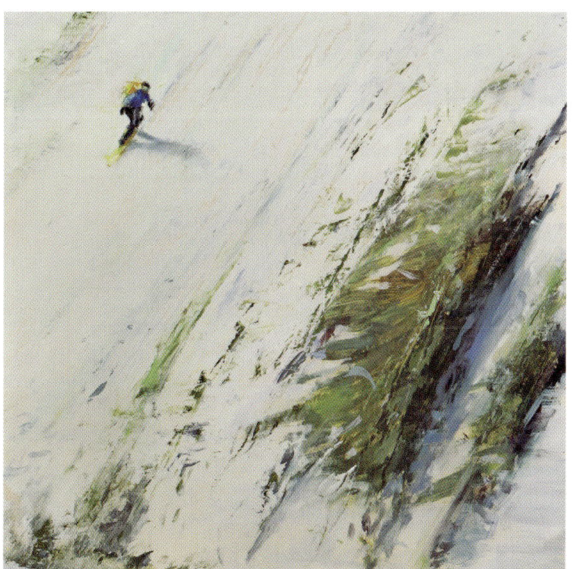

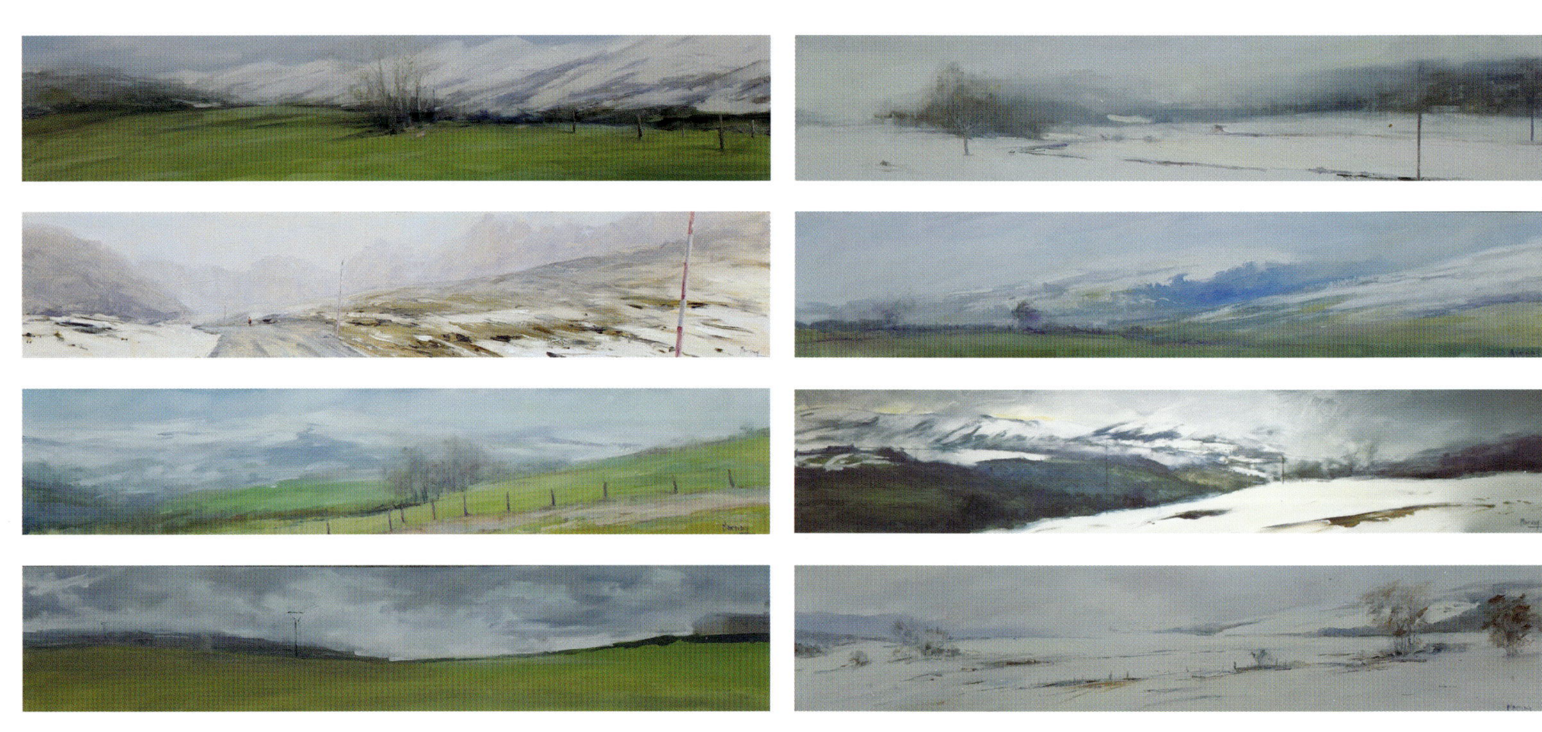

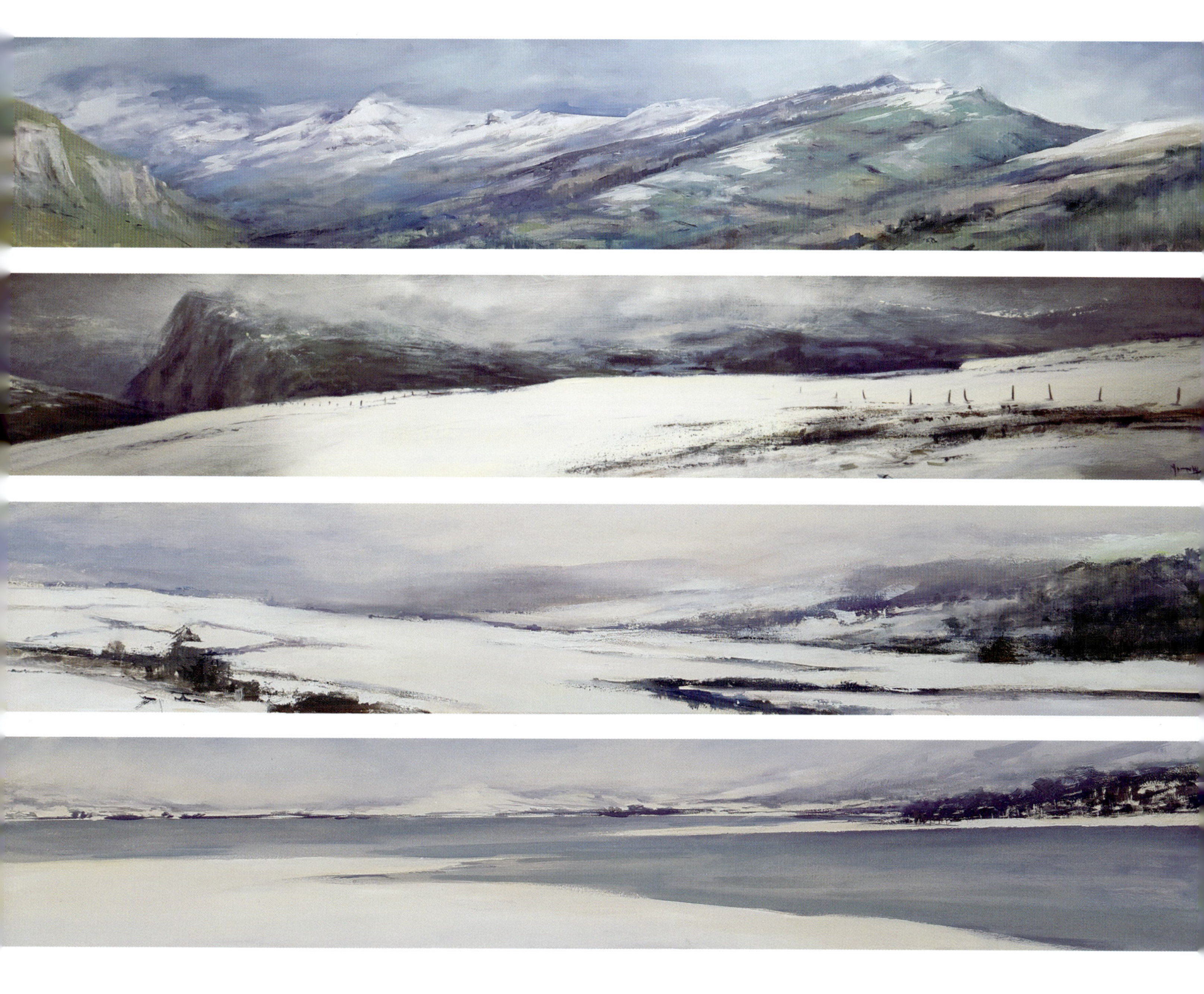

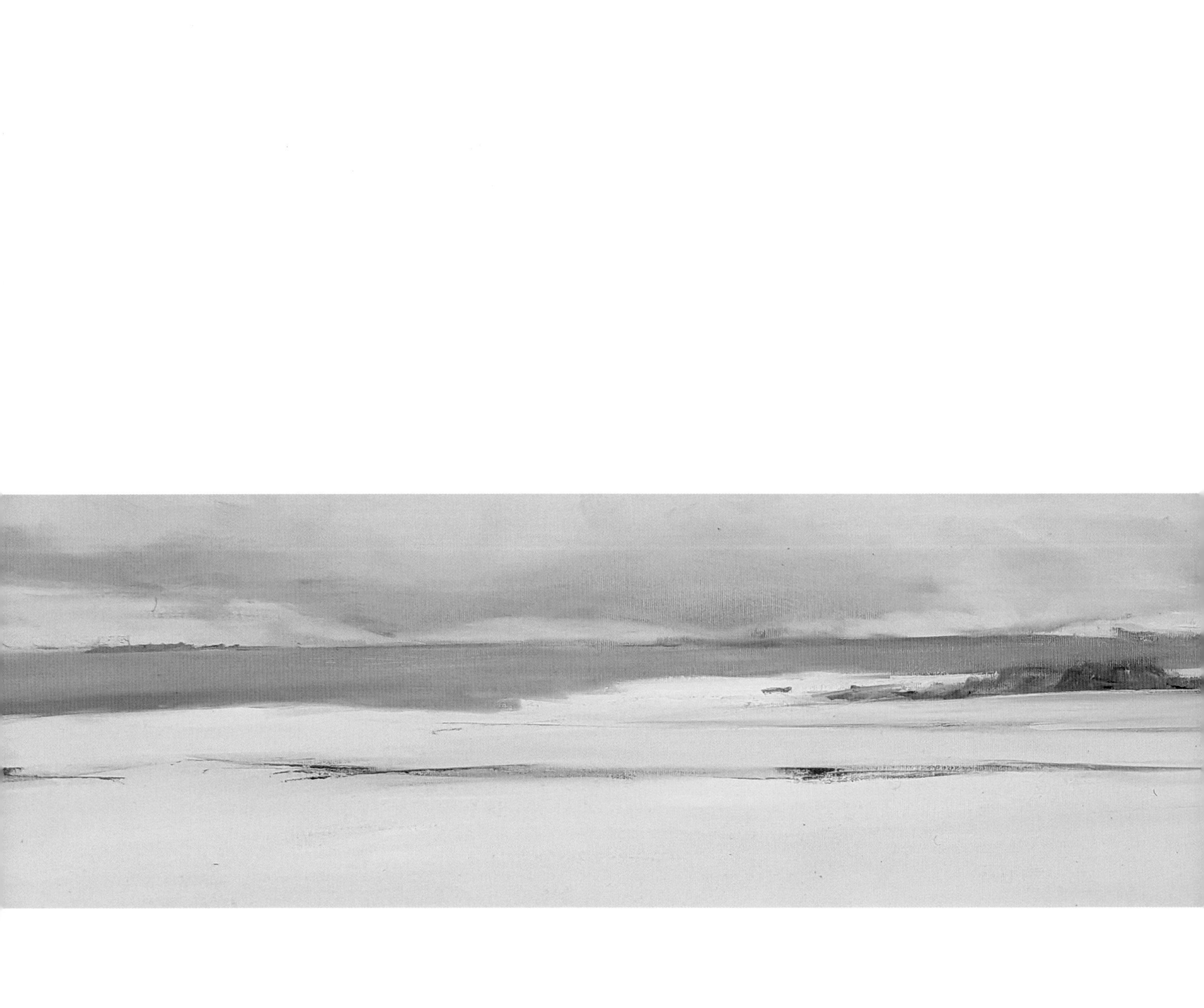

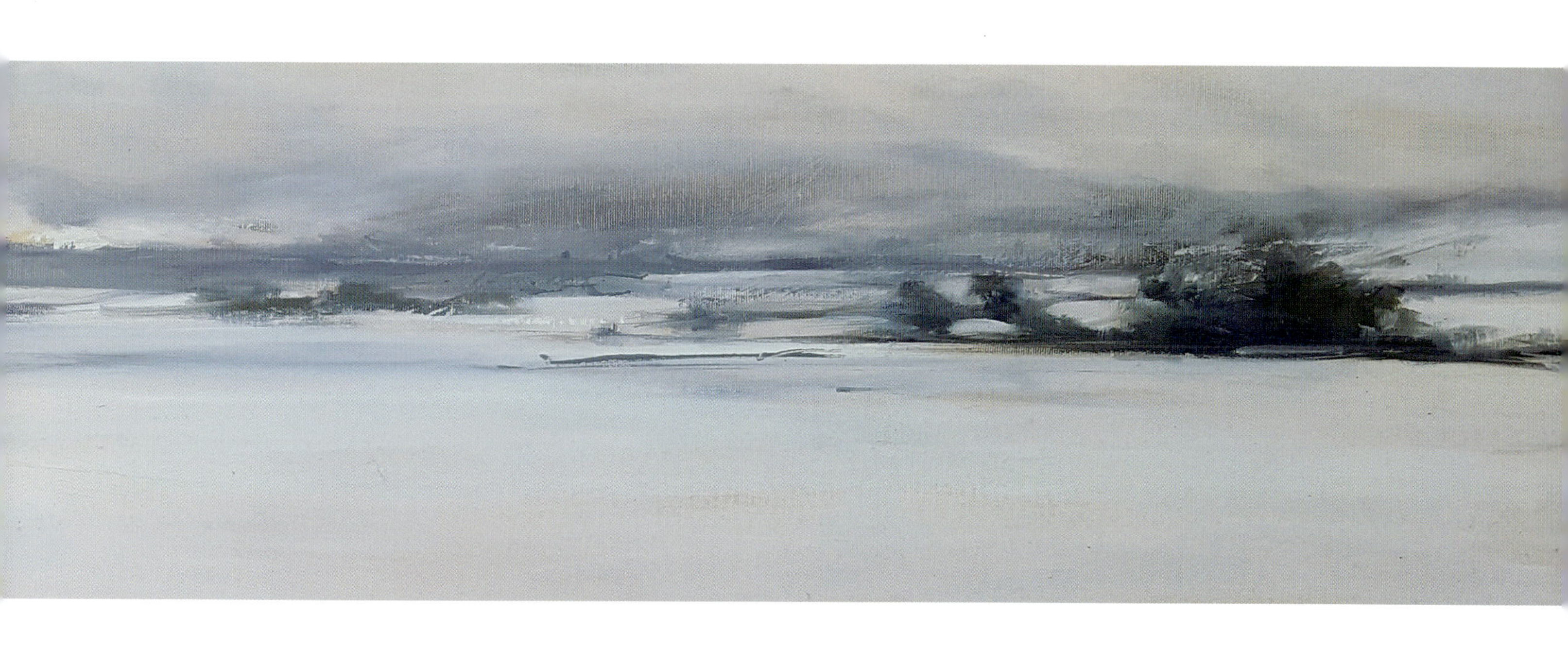

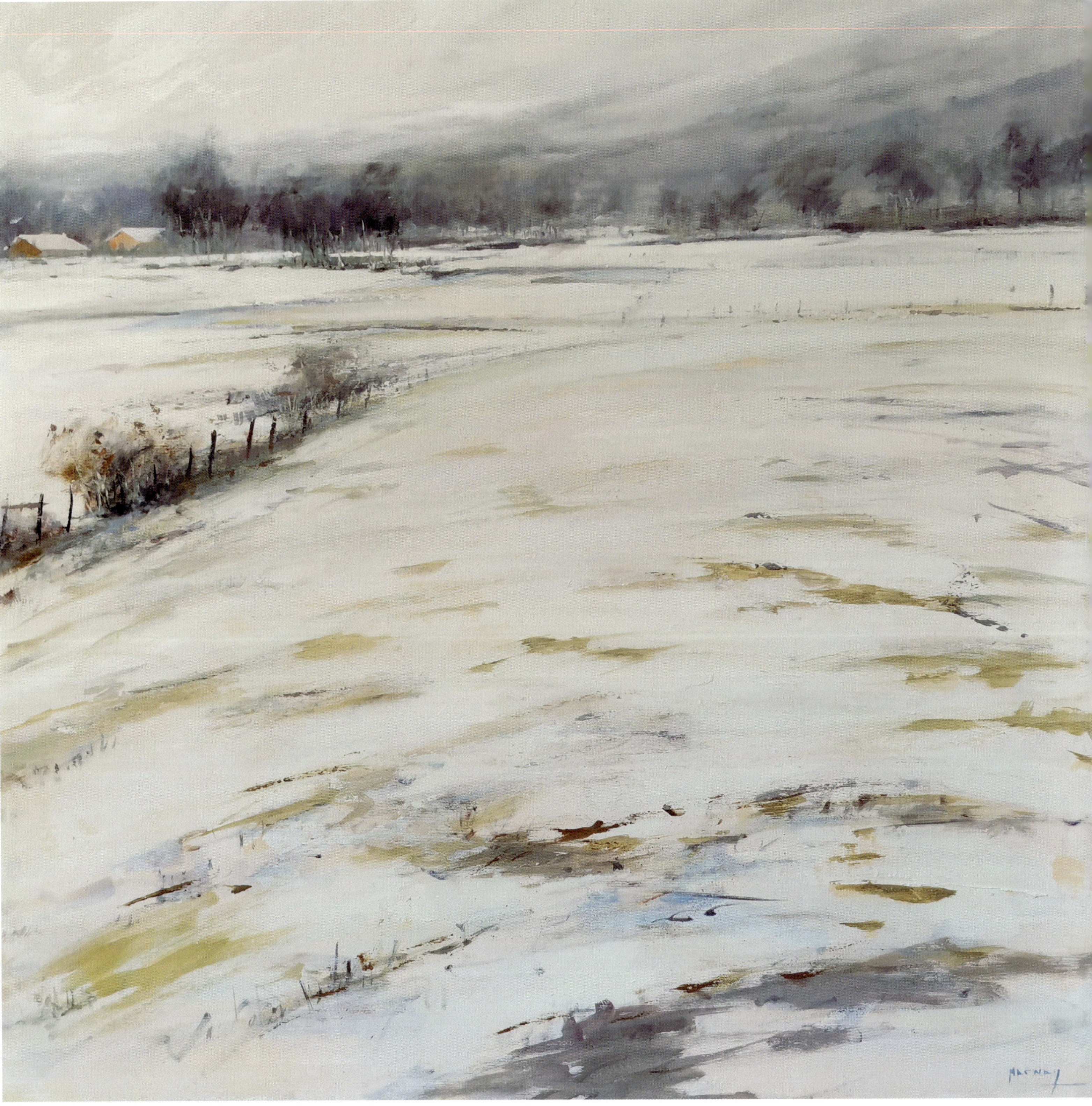

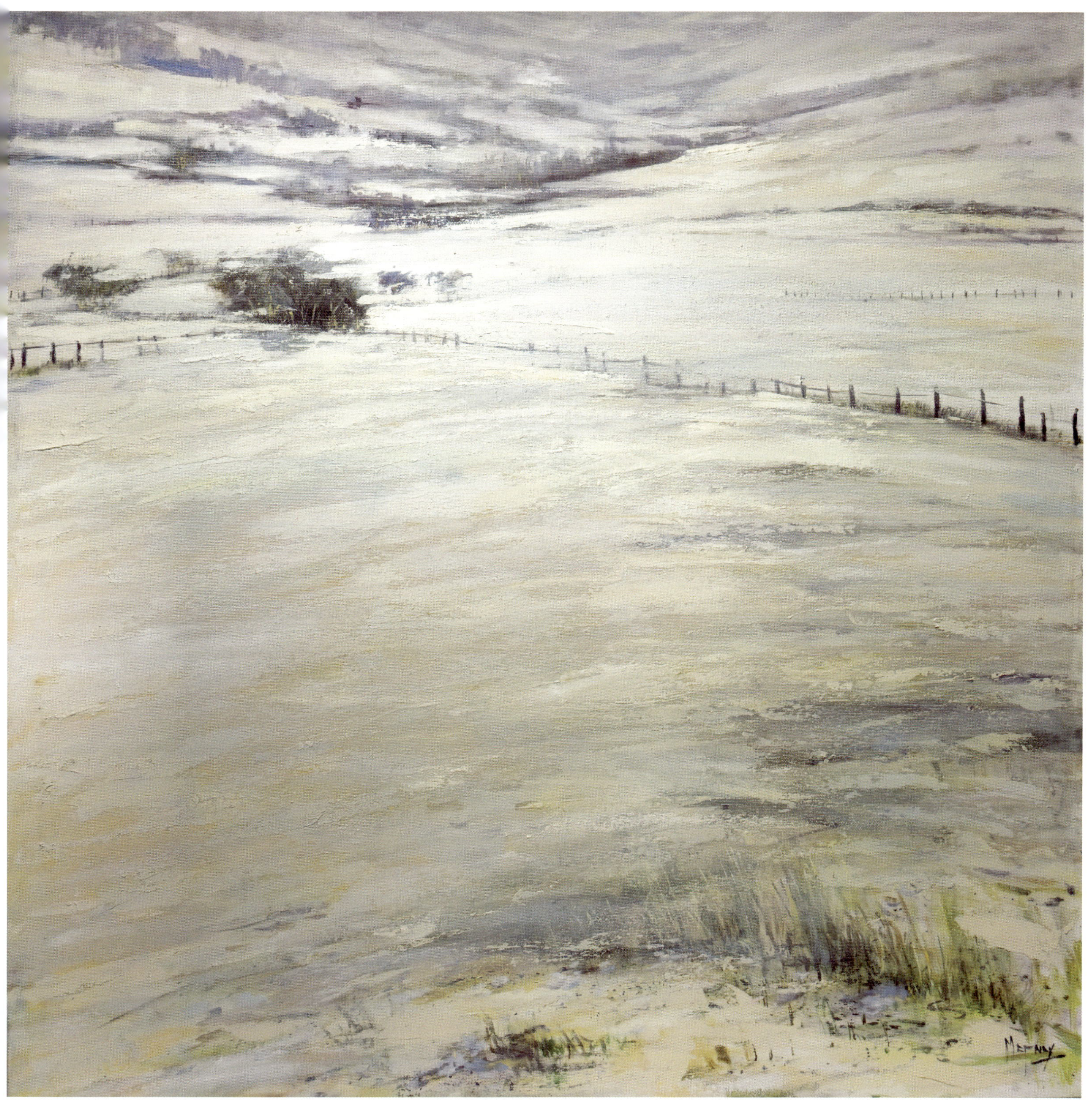

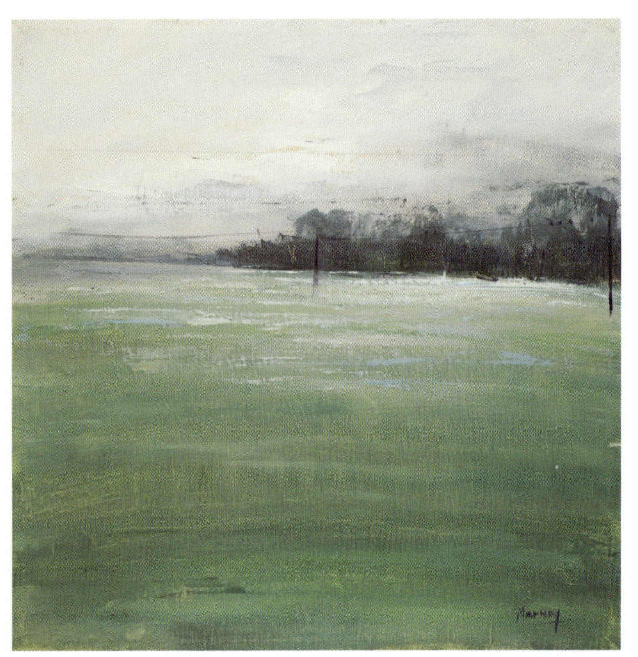

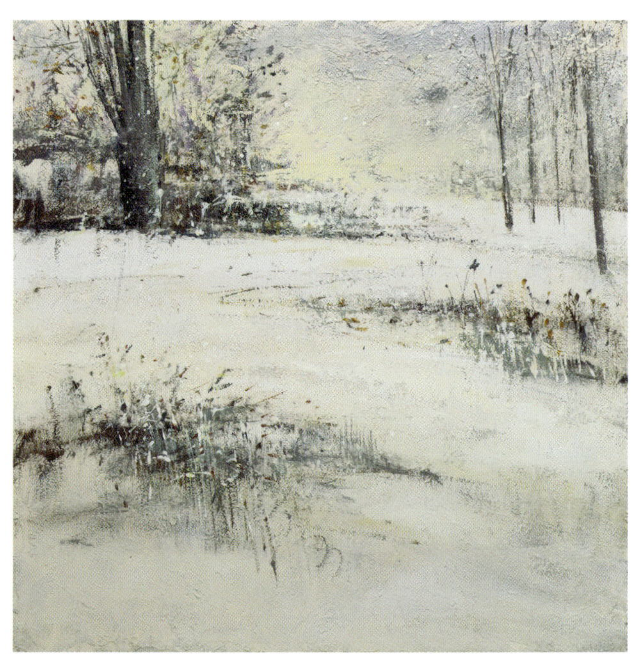

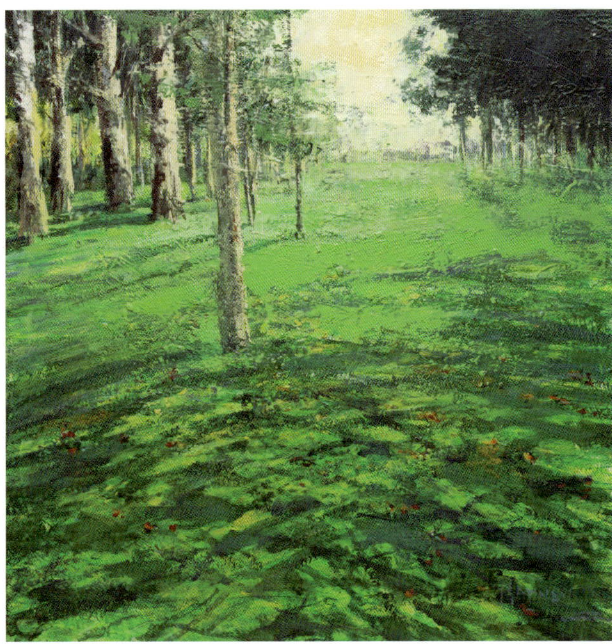

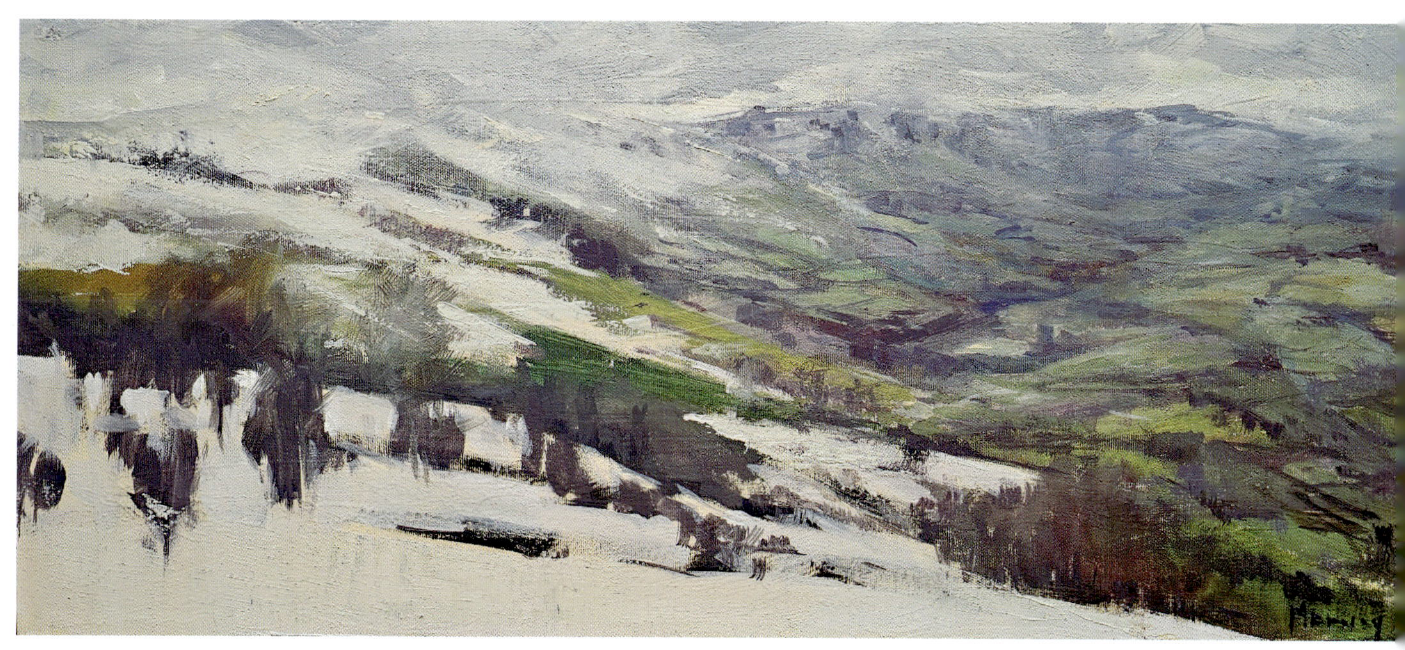

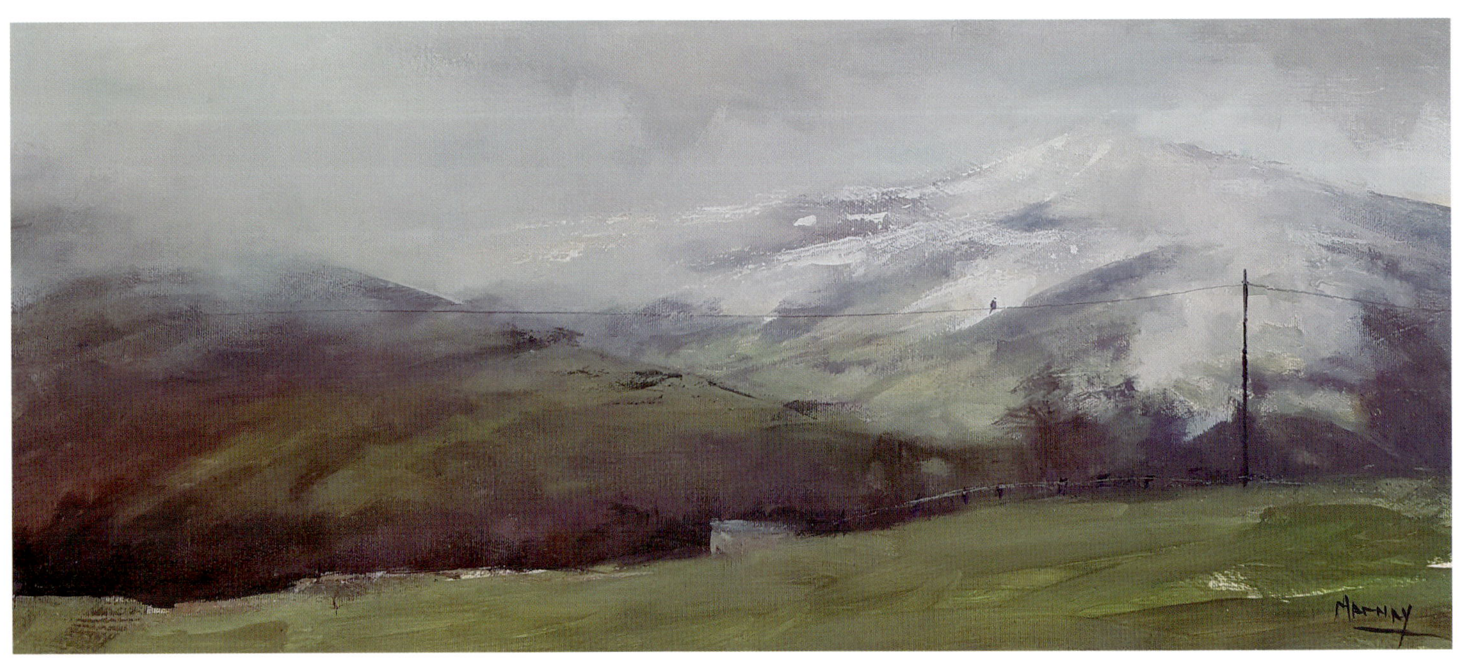

Manny

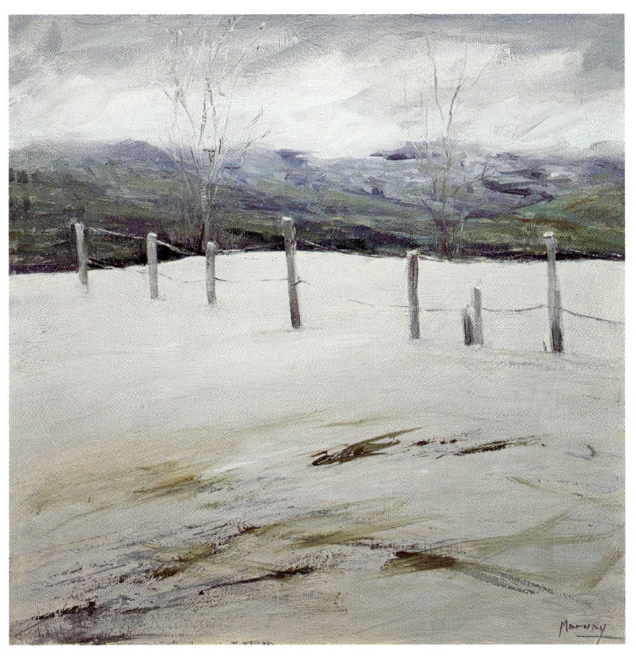

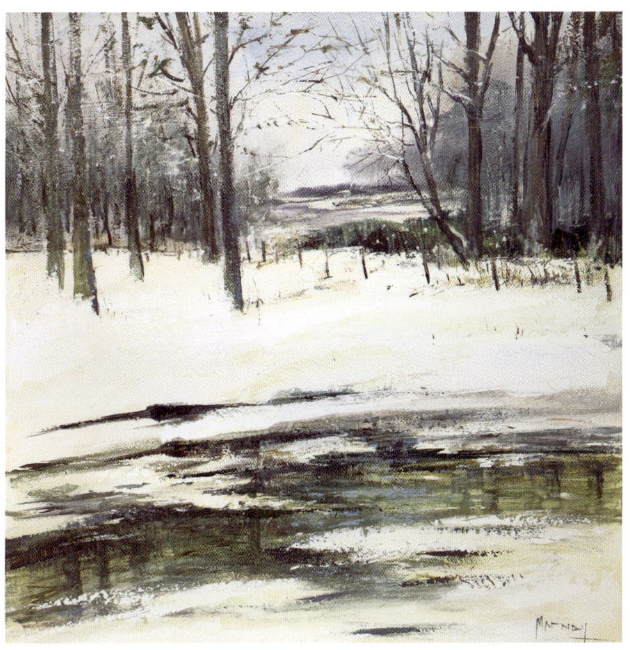

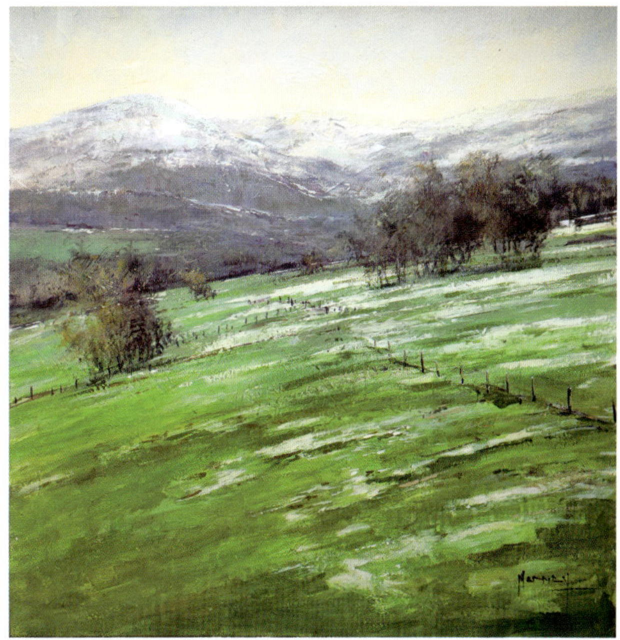

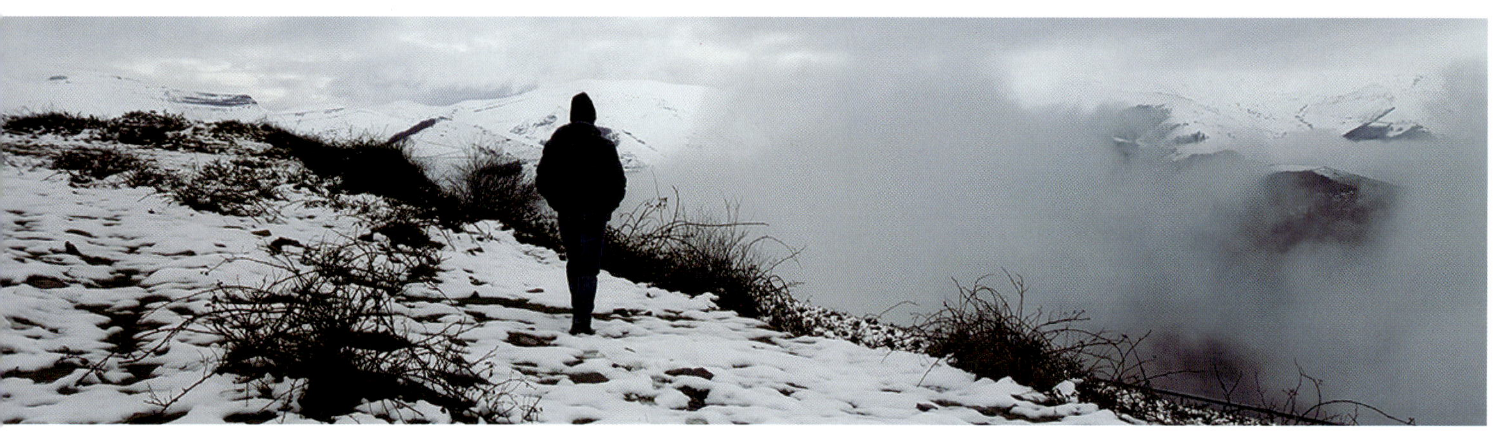

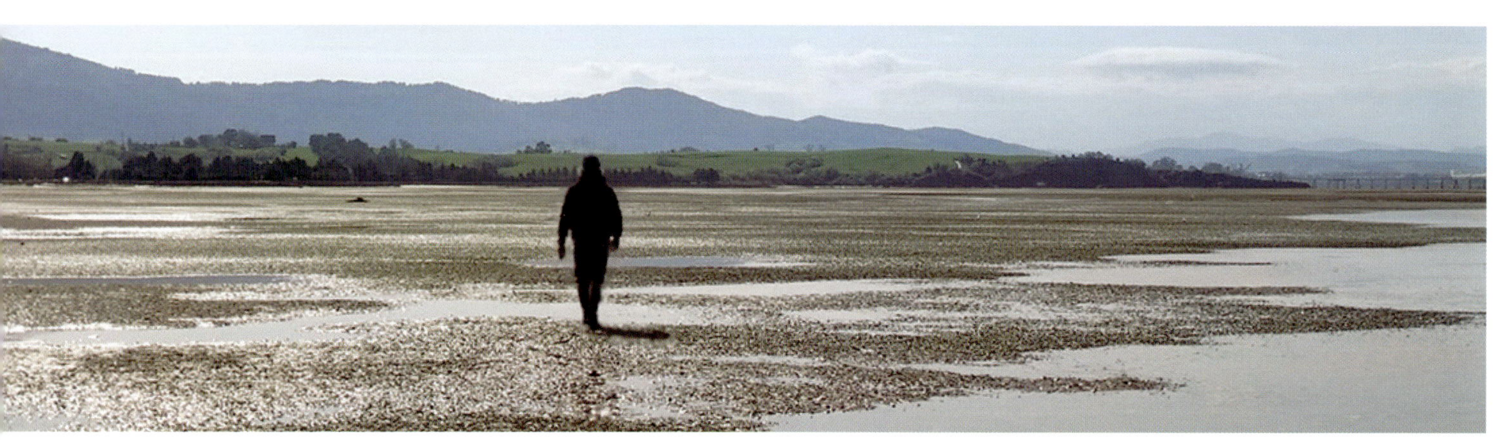

CURRICULUM

2025
"mar & montaña". Torre de los Anaya. Palacio de
Abrantes. Salamanca.

2024
Club de Golf Santa Marina. S. Vicente de la
Barquera. Cantabria

2023
"Komorebi". Centro Cívico Tabacalera.
Santander.

2021
«Aromas de mar y montaña». Xunta de Galicia
en Madrid

2020
"Buscando el silencio". Centro Arte
Contemporáneo de Reocin.

2019
"Pinceladas". Gran Casino Sardinero. Santander.

2018
El Torco y Galería Algas, simultáneamente.
Suances
«Silencios». Espacio Cultural Fraile y Blanco.
Santander.

2017
Espacio Garcilaso. Torrelavega
«A la orilla del mar». Castillo Faro / Centro
Cultural La Residencia. Castro Urdiales.

2016
«A la orilla del mar». Centro Cultural «El Espolón».
Comillas.

2015
«A la orilla del mar». Biblioteca Central de Cantabria.
Santander.

2014
Espacio Cultural Marina del Cantábrico.Santander.

2012
"Mi Santander". Gran Casino Sardinero. Santander.

2011
BBVA. Oviedo.

2008
Galería Kokoschka. Irún. Guipúzcoa.

2007
Galería Caledonia. Madrid.
Caja Sur. Sala Gran Capitán. Córdoba.

2006
Galería Kokoschka. Irún. Guipúzcoa.
Parador "Hostal de los Reyes Católicos".
Santiago de Compostela.
BBVA. Oviedo.

2005
Xunta de Galicia. Madrid.
Museo Taurino. Santander.
Hotel Real, "Va de toros". Santander.
Parador "Hostal de los Reyes Católicos".
Santiago de Compostela.
Galería Espi. Torrelavega. Cantabria.

2004
Galería Caledonia. Bilbao.
Galería Kokoschka. Irún. Guipúzcoa.
Caja Sur. Córdoba.
Caja Sur. Sala Gran Capitán. Córdoba.
Galería de Arte Echeberría. Propuestas 2004.
San Sebastián
Parador "Hostal de los Reyes Católicos".
Santiago de Compostela.

2003
Galería Iradier 9. Vitoria.
Parador "Hostal Reyes Católicos". Santiago de
Compostela.
Galería Espi. Torrelavega. Cantabria,

2002
Galería Kokoschka. Irún. Guipúzcoa.
Gran Casino Sardinero. Santander
Caja Duero. Salamanca.
Galería Caledonia. Bilbao

2000
Galería Kokoschka. Irún. Guipúzcoa.
Parador "Hostal Reyes Católicos". Santiago de
Compostela
Galería Kokoschka -Galería Jaizkibel.
Hondarribia. Valladolid.
Parador "Hostal Reyes Católicos". Santiago de
Compostela.
BBVA. Oviedo

1999
Galería Espi. Torrelavega. Cantabria.
Ermita de San Román de Escalante. Cantabria.

1998
Galería Kokoschka – Galería Híguer. Hondarribia,

1997
Galeria Aitor Urdangarin. Vitoria.

1996
Galería Espi. Torrelavega. (Cantabria)
Hotel Real. Santander

1995
Casa Cantabria. Madrid.

1993
Sala de Exposiciones del BBV Valladolid.
Hotel Real. Santander.
Caja de Ahorros del Círculo. Valladolid.

1992
Galería Espi. Torrelavega. (Cantabria)
Caja de Ahorros del Círculo. Valladolid.
Asamblea Regional de Cantabria. Santander

1990
Sala de Exposiciones del BBV. Valladolid.

1989
Sala Espolón. Burgos.
Sala de Exposiciones del Ayuntamiento de
Astillero. Cantabria.
Real Club Marítimo de Santander.

1988
Museo Municipal de Bellas Artes. Santander
Casa Cantabria. México D.F
Sala Conde Rodezno. Pamplona.

1987
Caja Rioja. Logroño.
Sala de Exposiciones del Banco Bilbao. Valladolid.

1985
Sala María Blanchard. Santander.
Sala Espolón. Burgos.

1983
Sala María Blanchard. Santander.
Restaurante -pinacoteca Piquío. Santander.
Caja de ahorros de Salamanca.Valladolid
Caja Rioja. Logroño.

SELECCIÓN DE EXPOSICIONES
COLECTIVAS Y PREMIOS

1982

Caja de Ahorros del Círculo. Aranda de Duero. Burgos.

Biblioteca Municipal y Centro Cultural. San Fernando. Cádiz.

Caja Provincial de Ahorros de la Rioja. Logroño.

Palacio "El Almirante". Medina del Campo. Valladolid.

Sala Don Sancho. Palencia.

1981

Delegación del Ministerio de Turismo. Santander

Sala Don Sancho. Palencia.

1980

Club España. México D.F

Museo de Arte Precolombino. Casa de la Cultura. San Luis de Potosi. México.

Sala Arrieta, Casa de la Cultura, Puebla de los Angeles. México.

Universidad Anahuac. México D.F

Sala Espolón. Burgos.

Sala Gasteiz. Vitoria.

1979

Caja de Ahorros Municipal. Vitoria.

Sala de Exposiciones Caja de Ahorros de Santander. Laredo.

Instituto Igareda. Cabezón de la Sal. Cantabria

1978

Sala de Exposiciones de Banco Bilbao. Torrelavega. Cantabria.

Sala de Exposiciones Información y Turismo. Santander.

1977

Realiza su primera exposición individual en la sala de exposiciones de la Delegación del Ministerio de Información y Turismo de Santander

Sala de Exposiciones del Banco Bilbao.

Sala de Exposiciones Información y Turismo. Santander

SELECCIÓN DE EXPOSICIONES COLECTIVAS Y PREMIOS

2017

Foire Internationale d'art contemporain. Luxemburg

Foire Internationale d'art contemporain. Lausanne. Suiza

2014

Feria de Arte "BUYARTFAIR" .Manchester. Inglaterra

2012

Arte Solidario. Casyc. Obra social de Caja Cantabria.

Feria de Arte ARTEXPO. Miami. EE.UU.

2009

Universidad de Cantabria. "Paz. Arte. Camino". Santander

"Pequeñas Joyas" Galería Cervantes. Santander

2008

ArteSantander. XVII Feria de Arte. Santander

Universidad Pública de Navarra. Artistas de Cantabria por la Paz

Pinacoteca S. Román de Escalante. Casa Cultura. Santoña

2007

ArteSantander. XVI Feria de Arte. Santander

Universidad de Cantabria. "Paz-Arte-Derechos Humanos".

2006

International Artexpo. New York.

Artesantander. XV Feria de Arte. Santander.

Galería Kokoschka. Hondarribia. Guipúzcoa.

Galería Echeberría. San Sebastián. "Temas de San Sebastián".

2005

Arte Sevilla. Feria de Arte Contemporáneo.

Artesantander. XIV Feria de Arte. Santander.

Art Ireland. Dublín.

2004

Arte sevilla. Feria de arte Contemporáneo. Sevilla.

INTERNACIONAL ARTEXPO. New York.

SPRINGS AAF. 2004. Feria de Arte. Londres

"El paisaje Urbano de Sevilla". Galería Expo-Arte. Madrid

Galería de Arte Derenzi. Castellón

Galería de Arte Bernesga. León

Artesantander. XIII Feria de Arte. Santander.

2003

Exposición-Subasta pro-afectados por el Prestige

Parador "Hostal Reyes Católicos". Santiago de Compostela.

De ARTE. II Feria de arte actual. Madrid.

INTERNACIONAL ARTEXPO. New York.

SPRINGS AAF. 2003. Feria de Arte. Londres

Galería Kokoschka. Irún. Guipúzcoa.

Galería de Arte Echeberría. San Sebastián.

Galería Jaizkibel- Hondarribia.(Guipúzcoa)

ARTESANTANDER. XII Feria de Arte.Santander.

2002

SPRINGS AAF. Feria de arte. Londres

ARTESANTANDER. XI Feria de Arte.Santander.

Galería Jaizkibel- Hondarribia.(Guipúzcoa)

InterArt. Valencia.

Galería Iradier. Vitoria

2001

Arte sevilla. Feria de Arte Contemporáneo. Sevilla.

Galería Villanueva – Art Gallery. Sevilla

ARTESANTANDER. X Feria de Arte.Santander.

De ARTE. I Feria de arte actual. Madrid

Colectiva navidad. Galería Espi. Torrelavega

2000

ARTESANTANDER . IX Feria de Arte. Santander

Galería Kokoschka. Irún. Guipúzcoa

"Colectiva Espi 2000". Galería Espi. Torrelavega. (Cantabria)

"Santander y el Mar "Galería Santiago Casar. Santander

1999

Galería Kokoschka. Irún. Guipúzcoa.

Galería Bay-Sala. Bilbao.

ARTESANTANDER VIII Feria de Arte. Santander.

Seleccionado "1º Premio Paisaje" Ministerio de Medio Ambiente.

1998

Inauguración nueva Galería de Arte Kokoschka. Irún. (Guipúzcua).

ARTESANTANDER. VII Feria de Arte. Santander

1997
ARTESANTANDER. VI Feria de Arte. Santander.
"Colectiva Espi 97". Galería Espi. Torrelavega.
(Cantabria)

1996
ARTESANTANDER . V Feria de Arte. Santander.
"Colectiva Navidad 96". Galería Ra del Rey.
Madrid.
"Colectiva Espi 96". Galería Espi. Torrelavega.
(Cantabria)

1995
ARTESANTANDER. IV Feria de Arte. Santander.
"17 paletas para una gran exposición". Galería
Rincón del Arte. La Coruña.
"La belleza del Pequeño Formato". Galería
Porticus. Málaga.
"Colectiva Espi ". Galería Espi. Torrelavega.
(Cantabria)

1994
Montserrat Gallery. New York.

1993
Salón Siglo XX. Palacio de Ferias y Congresos.
Marbella.
"El Mar". Galería Gaudí. Madrid.
"Pintores en torno a Palencia". Caja de Ahorros
del Circulo. Valladolid.

1991
"Rotación". San Román de Escalante. Cantabria.

1987
Seleccionado 1ª Bienal del Mar. Excmo.
Ayuntamiento de Bayona. Pontevedra.

1986
Pintores Cántabros. "Altamira 16.000 años
después". Casas del Aguila y La Parra Santillana
del Mar.
2º. Premio "IV Premio FEVAL de Pintura". Feria
de Muestras de Extremadura.

1985
Seleccionado Bienal María Blanchard. Consejería
de Cultura. Santander.
Seleccionado XV Salón Nacional de Pintura. San
Fernando. Cádiz.

1984
Pintores Cántabros. Casa de Cultura.
Torrelavega.
Seleccionado Concurso de Murales para la "Torre
del Rhin" . Excmo. Ayuntamiento de Santander.

1983
Arte en las Aulas "Artistas Cántabros
Contemporáneos". Facultad de Filosofía y Letras.
Santander.
"VI Encuentro Internacional de Arte". Sala
Picasso. Colmenar Viejo. Madrid
Muestra de Pintura. Casas Regionales de
España. Sala Alonso Berruguete. Valladolid.

1982
2º. Premio Carteles VI Concurso Internacional
de Piano Paloma O'Shea. Fundación Marcelino
Botín. Santander.

1980
"Pintores Cántabros Contemporáneos". Museo
Municipal de Bellas Artes. Santander. "'Pintores
Cántabros Contemporáneos". Casa de la
Cultura. Murcia.
"Pintores y Escultores Contemporáneos
Cántabros". Centro Cultura de la Villa. Madrid,
"Pintores Cántabros". Teatro Espronceda.
Madrid.
Participa como artista español, en la Exposición
de Pintura de la Agrupación Internacional
de Artistas. Salón Benito Juárez. Club de
Periodistas. México. D.F.

1979
"Pintores Montañeses Actuales". Exposición
itinerante por la región de Cantabria, organizada
por el Ministerio de Cultura.

1978
Muestra "Mini cuadros Galería Artis-2".
Santander

OTRAS REALIZACIONES

2019
Realiza la portada del Anuario de Cantabria.
Diario Montañes.

2018
Ponente en los Cursos de Verano de la
Universidad de Cantabria. «Arte y Paisaje».

2012
Ilustra con su obra el libro «Historias de un
barquero» de Jaime Piris.

2010
Ilustra con su obra el Libro "Puertos para el
olvido" del poeta José Luis Hernández.

2007
Ilustra con su obra el Libro "Un héroe montañés:
El capitán de navío de la Real Armada D. Luis
Vicente de Velasco e Isla» de Fernando Gómez
de Olea y de la Peña

2006
Ilustra con su obra el Libro "Romances del toro"
de Maria Mérida.
Ilustra abanico para Colección Inmaculada
Manfredi. Palacete del Embarcadero. Santander.

2005
Ilustración del Libro "Silencio y Duende" de Maria
Mérida.
Realiza el cartel de la Feria Taurina de Santiago
2005.Santander.

2004
Realiza la portada del disco "Desde esta orilla"
del grupo musical Atlántica.

2000
Realiza por encargo de la Diputación Regional de
Cantabria la obra original para la Ilustración del
Calendario Año 2000

1996
Realiza por encargo del Parlamento Regional de
Cantabria el Retrato Oficial del Presidente del
Parlamento D. Adolfo Pajáres Compostizo.

1988
Realiza los murales de cerámica y pintura de la
Residencia San Pedro. El Astillero. Cantabria.

1987
Participa en el Curso "Artes de Estampa".
Fundación Santillana. Santillana del Mar.
Cantabria.

1986
Participa en el Seminario Internacional de
Grabado 'GRAFICA 86', Universidad Internacional
Menéndez Pelayo (UIMP). La Coruña.

1984
A petición de Ayuntamiento de Camargo, pone
en funcionamiento la Escuela Municipal de Artes
Plásticas, en donde imparte la enseñanza de
pintura.

1979
Ilustra con su obra el libro «Diversas formas de
amar y amarse y algunos otros sentimientos» de
Luisa María Castillo.

1976
Participa en el 1º Campo Internacional de Música
y Pintura celebrado en Mijas. Málaga.ca y Pintura
celebrado en Mijas. Málaga.

COLECCIONES MÁS RESEÑABLES, MUSEOS Y FUNDACIONES

Sus obras se encuentran expuestas en varios
Museos, Ayuntamientos, Fundaciones y
Entidades Públicas, así como en numerosas
colecciones privadas de Alemania, Francia,
Bélgica, Austria, Holanda, Suiza, Suecia,
Inglaterra, Italia, Chile, México, Uruguay, Costa
Rica, Zimbabwe, EE.UU., Portugal y España.
Fundación Hullera Vasco Leonesa
Parlamento de Cantabria
Museo Municipal de BB.AA. de Santander
Diputación Regional de Cantabria
Consejería de Cultura de Cantabria
Ayuntamiento de Camargo. Cantabria
Ayuntamiento de El Astillero. Cantabria
Colegio Oficial de Abogados. Cantabria.
Colegio Oficial de Ingenieros Industriales.
Santander.
Colección Electra de Viesgo. Madrid
Colección Placido Domingo
Universidad Anahuac. México.D.F.
Pinacoteca Altamira. Mexico D:F:
Banco Santander Central Hispano
Caja Rioja
BBVA.
Caja del Círculo. Burgos. Valladolid
Caja Municipal de Pamplona.
Caja de Ahorros de Vitoria.
Caja de Ahorros de Palencia.
Casa Cantabria de Madrid
Casa de Cantabria de México.D.F.
Real Club Marítimo de Santander
Hotel Real. Santander.
Gran Casino del Sardinero.
Parador Hostal Reyes Católicos. Santiago de
Compostela
Real Sociedad de Tenis de Santander.
Universidad de Cantabria.
CASIC. Liberbank

BIBLIOGRAFÍA

– Gran Enciclopedia de Cantabria, Santander. 1985.
– Diccionario de Pintores y Escultores Españoles
del Siglo XX. Forum Artis. Madrid 1994.
– ¿Quién es quién en Cantabria? Tantin. 1995.
– Aires de Santander. A. Martínez Cerezo.
Calima. Santander 1995.
– Diccionario de Pintores Españoles. Segunda
mitad del siglo XX. Epoca. Madrid 1997.
– Quién y por qué. Anales de las Artes Plásticas
en el siglo XXI. Arte y Patrimonio.
Madrid 2000
– Diccionario de Artistas Españoles. Antonio
Martínez Cerezo. Santander. 2001
– Líderes Cántabros Siglo XX. Líderes Editorial.
Zaragoza

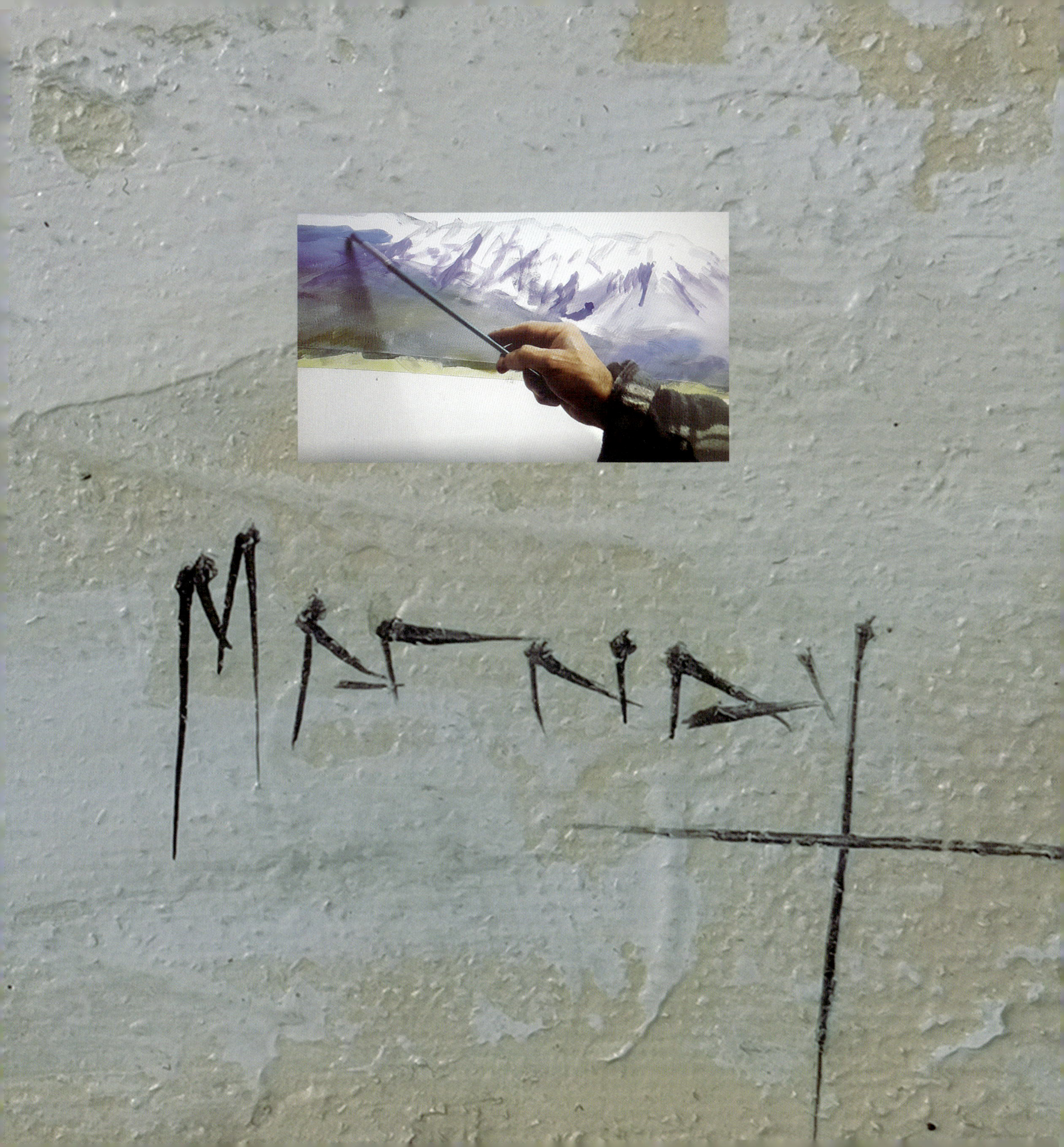
McCNIDY